Bibliografische Information der Deutschen Nationalbibliothek:

Die Deutsche Bibliothek verzeichnet diese Publikation in der Deutschen Nationalbibliografie; detaillierte bibliografische Daten sind im Internet über http://dnb.d-nb.de/ abrufbar.

Impressum:

Druck und Bindung: Books on Demand GmbH, Norderstedt Germany
ISBN: 9783668489295

Dieses Buch bei GRIN:

http://www.grin.com/de/e-book/371275/die-vorkommunistische-philosophie-von-iwan-a-iljin-und-ihr-einfluss-auf

Ramon Weisskopf

Die vorkommunistische Philosophie von Iwan A. Iljin und ihr Einfluss auf Wladimir Putin

Ein Plädoyer für die Beachtung der philosophischen Schriften zum besseren Verständnis der aktuellen Politik Russlands und zur Verbesserung des Kulturdialoges

GRIN Verlag

Inhaltsverzeichnis

Das Vorwort zur Masterseminararbeit

„Heute outet sich der russische Präsident Putin als glühender Anhänger von Iwan Iljin. Den Staatsbeamten empfiehlt er, dessen Werke wie einst die von Lenin zu lesen.“[1]

„Nihil contingenter exsistens potest carere ratione exsistentiam anteceder determinante.“[2]

Interessenausgang der MSA entwickelt sich nach einem ganz persönlichen Erlebnis. Als ich 2001 mit dem Transsibirischen Zug von Moskow nach Wladiwostok und von dort zurück nach Ulan Bator in der Mongolei fuhr, wurde ich inmitten der grossen Weiten der Sibirischen Tundra Zeuge eines merkwürdigen Phänomens. Auf der Strecke von Omsk und Nowosibirsk, vermutlich die einzige Fahrt in welcher ich mein Budget und die Holzklasse nicht verfluchte, teilte ich das Abteil mit einer Mongolin und zwei russischen Soldaten, von welchen einer im Afghanistanfeldzug, oder wie er es nannte ‚im Streit mit Afghanistan‘ gedient hatte. Innerhalb dieser Fahrt wurde ich, aufgemuntert durch eine halbe Flasche Wodka, mit bemerkenswerter Ausdauer, hartnäckiger Konsistenz und einzig durch die Sprachbarriere eingedämmt, zum und über ‚den Europäer‘ und ‚den Schweizer‘ befragt. Ich erinnere mich nicht an den Inhalt, wohl jedoch an die Form der Fragen. Es waren, mit einigen Ausnahmen zu technischen Fragen der Agrarwirtschaft und dem damaligen beliebten Blaupunkt TV Model, mehr Fragen der Art: Welche Literatur liest ‚Er‘? Welche Ängste? Welche Todesart ist gewünscht? Welche Tiere sind essenziell für ‚Ihn‘? Welche Bäume stehen in ‚Seinen‘ Wäldern? Mit welchem Wetter hat ‚Er‘ es zu tun? Et cetera. Das Paradigma der Fragen und deren Fokus waren verstärkt romantisch geprägt und oft indirekt metaphysisch über Natur und Gefühle ausgerichtet. Nicht das ich bei meiner Rückkehr ins Alpenland nicht auch die Eine oder Andere metaphysische Frage zu Ohr bekam, jedoch war der Fragekatalog in der Schweiz mehr in der Form: Wie hat ‚Er‘ die Perestroika erlebt? Wann gibt es Charterflüge nach Sibirien? Ist Gorbatschow oder Jelzin für ‚Ihn‘ wichtiger? Was kostet ‚Ihn‘ sein Lebensstil im Monat? Ich vollziehe aus diesem sample keinen naturalistischen Fehlschluss, noch eine empirische Überbewertung, noch nehme ich diese, meine Erfahrungen, allzu ernst. Das hier gefasste hat sich jedoch in den Folgejahren in dieser Richtung weiterentwickelt. Ich bemerkte jeweils, dass im Umgang mit der russischen Kultur eine Approximation an die Sichtweise des Gegenüber, nur vollziehen lässt wenn man das Grundelement des hermeneutischen Zirkels nicht ‚top down‘ sondern ‚bottom up‘ anzusetzen versucht, also beim Menschen nicht der Kultur. Es ist eine gute Erfahrung dass ich während der Sichtung diverser Literatur immer wieder auf ähnliche Interpretationen gestossen bin, zum Teil von Spitzenpolitikern wie Schröder oder Schmidt. Ich präzisiere. Im Osten wird im Sinne Rousseaus, der Mensch vor dem Eingang in eine, wie auch immer konstruierte, Form des ‚contrat social‘ befragt, im Westen vice versa, wird die Genese im Sinne Hobbes gerade nicht beim Naturzustand angesetzt, sondern erst nach dem obgenannten Zusammenschluss in einem, wie auch immer vollzogenen, Gesellschaftsvertrag. Das ist auffallend und zeigt sich bis in die gegenwärtigen Divergenzen

[1] Margolina, Sonja: Die Weissen haben gewonnen, Neue Zürcher Zeitung, veröffentlicht am: 27.11.2014, S. 3
[2] Übersetzung: Nichts, was zufällig da ist, kann eines Grundes entbehren, der sein Dasein vorgängig bestimmt. Kant, Immanuel: Vom Satz des bestimmten Grundes, Insel – Verlag, Wiesbaden 1960, S. 436

der Aussenpolitik zwischen Russland und dem Westen. Der Mensch als solcher, seine Natur und Umgebung, seine Geschichte und sein Glaube sind hier, in Russland, noch nicht unter einer aufklärerischen Normierung, unter einem ‚sapere aude' in eine Kant'sche Trennung von Privatperson und Bürger übergegangen. Der Mensch kommt vor dem ‚Citoyen'. Die Wahrnehmung solch komplementären Grundprämissen und Individuums– und Gesellschaftsausrichtungen, sind für die transkulturelle Verständigung von unerlässlicher Natur. Hier zeichnete sich mir immer ein deutliches Forschungs– und Verständnisdesiderat ab. Die Sicht des westlichen, wie Gadamer schrieb, Bildungsbürgertums, konnte ich ebenfalls nicht bewusst verlassen, da für mich im obgenanntem Sinne, die universale Vernunft als Bindeglied der Kulturen und Nationen verstanden wurden. Ein ‚Modus ponens' gilt in Russland, China und Frankreich und wer nicht Teil dieser Vernunftsanwendung war, schien unglücklicherweise hiervon ‚noch' exkludiert zu sein. Solche Trennungen wirken als Simplifikation ganz ordentlich, dekonstruieren jedoch jeden Konsens resp. verunmöglichen gegenseitiges Verstehen. Nun ist man als ‚Russland Versteher', so irreführend diese flache Bezeichnung selbst ist, kein willkommener Gast. Das ist interessant und fragt nach den Motiven dieser Haltung. Hier überwand ich mein kulturelles Gut der Neutralität, schliesslich war und bin ich weder Russophil noch Russophob, und wollte angeregt durch einige Hörbücher Gorbatschows und Jelzins einen Versuch wagen, über die russische Philosophie dieses Verständnis auszubauen. Was folgte war in der Tat eine kleine, deskriptive und nicht normative, kopernikanische Wende vieler meiner Betrachtungen. Man betrachtet an Schweizer Gymnasien und vermutlich auch an vielen historisch-philosophischen Seminaren stets den Intervall beim Anfang der Machtübernahme der Mehrheitler 1917, sowie Gründung der Sowjetunion 1922, mit den hiermit verknüpften Schriften von Hegel und Marx bis zur ‚Offenheit' des Generalsekretärs Gorbatschow und der Perestroika bis und etwas über das Jahr 1989. Die Kiewer Periode, Herrschaft der Rus, Mongolenherrschaft, das Zarentum und der innere Terror, die Smuta und Petrinischen Reformen und ganz besonders das russische Kaiserreich, bleiben historisch oft, wichtiger aber philosophisch immer, gedanklich unberührt. Was war vor dem kommunistischen Gedankengut philosophisch zentral? Dabei stiess ich auf eine von vielen Säuberungsaktionen der bolschewistischen Regierung Sowjetrusslands. Unter direktem Befehl Lenins, war die ideelle Säuberung Russlands durch die Ausschaffung missliebiger Intellektueller im November des Jahres 1922 vollzogen worden, also unmittelbar an den Untergang des russischen Kaiserreiches 1917 und der Ermordung des letzten Kaisers aus der Romanow-Holstein-Gottorb Familie, Zar Nikolaus II. Diese Ausschaffungen von Intellektuellen von Petrograd nach Stettin, Odessa, Riga usw. wurden unter dem Begriff ‚Philosophenschiff' bekannt. Unter den unfreiwilligen Passagieren befanden sich einige der wichtigsten Philosophen und Denker des Vorkommunistischen russischen Reiches. Denker wie: Bulgakow, Stepun, Wyscheslawzew, Trubezkoi und viele Weitere. Ebenfalls auf dem Philosophenschiff befand sich der Philosoph Iwan Alexandrowitsch Iljin. Dieser war nicht nur Anhänger der Weissen Armee, Freund des Kaiser und Autokrat aller Russen, Slawophiler und konservativer Monarchist, sondern einer der bedeutendsten Philosophen der russischen Geschichte und vermutlich einer der einflussreichsten Philosophen des vorrevolutionären Russlands. Bei meinen Recherchen zu

Iljin war die Materialienleere nicht erstaunlicher als die Korrelationsfülle Iljins zum gegenwärtigen Präsidenten der Russischen Föderation, Wladimir Wladimirowitsch Putin. Diese, ganz besonders die absatzstärksten deutschen Blätter, verwiesen allesamt auf den Einfluss des vergangenen Philosophen auf den aktuellen Präsidenten. Nach der Lektüre des Hauptwerkes Iljins ergab sich mir in vieler Hinsicht ein neues, anderes Bild der russischen Politikaktivitäten. Nicht im Erklären, im Verstehen. Fakten bleiben Fakten, die Interpretation hingegen ist, wie man weiss, beweglich. Hier liegt die Genese des Interessens sowie der Ansicht der Notwendigkeit der Betrachtung im Sinne eines Plädoyers; diese Brücke einer, noch aus Zeiten des Kaiserreiches stammenden Philosophie und ihren Einfluss auf das gegenwärtige Russland auszuarbeiten. Hinter der obgenannten Interpretation als Notwendigkeit steht die Auffassung, dass eine Kulturgemeinschaft stets geprägt ist durch zentrale Zäsuren ihrer gemeinsamen Ideengeschichte. Man denke im Sinne Webers an die, ausser Frage stehenden, Einflüsse der monotheistischen Schriften und der europäischen resp. angelsächsischen Politik und Kultur oder, präziser, an Kulturideologisches Schriften– und Gedankengut der antiken griechischen Philosophie für den Westen, die Rigveda für Indien, die Fragmente des Tao te King von Lao Tsee für das Chinesische Reich oder den Pragmatismus und die Lehren des Calvinismus auf die Gründungsväter der Vereinigten Staaten von Amerika. Dementsprechend schien es mir in der Tat wichtig und richtig Iljins zentrale Gedanken auszuarbeiten und zu präsentieren um hierdurch, im besten Fall, eine graduelle Erhöhung des Verständnisses gegenwärtiger Handlungen Russlands zu generieren und zu implementieren.

Ich möchte mich an dieser Stelle bei Dr. Dähler für seine Hilfestellung und Übertragung seiner, von Ihm selbst vollzogenen Originalübersetzungen von Iljin bedanken sowie bei der russischen Botschaft in Bern für Ihre Bereitschaft mir bei zentralen Fragen ihren Übersetzungsdienst zur Verfügung zu stellen. Weiter und besonders deutlich bedanke ich mich für die Geduld und Kulanz des Gutachters, ohne welchen diese Arbeit nicht zum Abschluss hätte kommen können. Iwan Alexandrowitsch Iljin lebte von 09.04.1883 bis 02.12.1954, seine sterblichen Überreste wurden per Dekret von Wladimir Putin, vom Zolliker Friedhof in Zürich zum Präsidentenfriedhof in Moskau überführt und dort 2005, unter allen Ehren, zur letzten Ruhe gebettet.

Der Aufbau, die Herangehensweise sowie Skizzierung der Arbeitsmethodik zur Masterseminararbeit

„Was ist also Wahrheit? Ein bewegliches Heer von Metaphern, (...)“[3]

„Ja, um zunächst mit dem Kopfzerbrechen zu beginnen, ich finde das ist ganz gesund. Es ist noch zu wenig Kopfzerbrechen heute in der Welt, sondern eine grosse Gedankenlosigkeit. (...). Und dieser Satz ‚die Wissenschaft denkt nicht', der viel Aufsehen erregte, als ich ihn in einer freiburger Vorlesung aussprach, bedeutet, die Wissenschaft bewegt sich nicht in der Dimension der Philosophie. Sie ist aber, ohne dass sie es weiss, auf diese Dimension angewiesen. Zum Beispiel die Physik bewegt sich im Bereich von Raum und Zeit und Bewegung. Was Bewegung, was Raum, was Zeit ist kann die Wissenschaft als Wissenschaft nicht entscheiden. (...). Ich kann nicht z. B. physikalisch oder mit physikalischen Methoden sagen, was die Physik ist, sondern was die Physik ist kann ich nur denken, philosophierend sagen. Der Satz ‚die Wissenschaft denkt nicht' ist kein Vorwurf, sondern ist nur eine Feststellung der inneren Struktur der Wissenschaft.“[4]

In diesem Abschnitt soll grundsätzlich ein Ein- und Ausblick zum methodischen Vorgehen in der Masterseminararbeit[5] expliziert werden, Erörterungen zu dieser Wahl und grundsätzlich der wissenschaftsphilosophischen Ausrichtung. Darauf folgen die gedanklichen Vorüberlegungen zum Aufbau, kurze Überlegungen zur Zielsetzung der Arbeit sowie der Literaturauswahl. Die folgenden Ausführungen zum methodischen Vorgehen sind ein wesentlicher, zentraler und integraler Teil der MSA. Einige generelle Überlegungen vorab. Gerade im heutigen Zeitalter der Verwissenschaftlichung scheint die Orientierung oder zumindest die Nähe zu der Art und Weise der auf dem naturwissenschaftlichen Experiment basierenden Wissensgenese quasi Bedingung der Möglichkeit, sich einer wissenschaftlichen Arbeit überhaupt anzunehmen oder, etwas grob formuliert, ernst genommen zu werden. Ein solcher Zugang, obschon nicht per se ausgeschlossen, scheint in der Betrachtung von Kultur, Geschichte, Philosophie – kurz, bei der Betrachtung des vom Menschen geschaffenen, nicht immer zwingend adäquat zu sein, denn Natur und Kultur haben nicht äquivalente Forschungszugänge, was sich auch in den Wissenschaftsausrichtungen niederschlägt. Diese Unterscheidung prägt und durchzieht die Arbeit, weshalb sie Teil und keine Randbemerkung ist. Die Ausgangslage dieser Arbeit bildet demnach keine, wie in den Formalen Wissenschaften, These ebenso wenig wie das Resultat dieser MSA kein Resultat, im Sinne einer Verifikation oder Falsifikation, sein kann und soll. Ich folge bei meinen Arbeiten seit einiger Zeit der Auffassung des grossen Historikers und Philosophen Wilhelm Dilthey, dass man zwingend versuchen sollte in seinen Worten ‚die Nische', in welcher man zu arbeiten gedenkt, präzise zu skizzieren um für den Leser die Antizipierung der Richtung der Arbeit sowie die Art des Zuganges im Nachvollzug zu erleichtern. Folgende Ergänzungen.

---

[3] Nietzsche, Friedrich: Über Wahrheit und Lüge im aussermoralischen Sinne, 1873 aus dem Nachlass, hier zitiert aus einem elektronischen Auszug der Universität Erfurt, URL: https://www.uni-erfurt.de/fileadmin/public-docs/Literaturwissenschaft/ndl/Material_Schmidt/Nietzsche_%C3%9Cber_Wahrheit.pdf, S. 2, letzter Absatz – erster Satz. Zugriff: 18.06.2016

[4] Heidegger, Martin: ‚Wissenschaft denkt nicht', ausgestrahlt auf 3Sat am 24.06.2014, url: https://www.youtube.com/watch?v=HwuSmN5ptGA, Zugriff: 15.05.2016, 00:00:41 – 00:02:05. Freie Transkription.

[5] Ab dieser Stelle wird diese Masterseminararbeit mit MSA abgekürzt. Ausnahmen sind Titel und Literaturverzeichnis.

Ich verstehe mich als Philosoph, der sich an der Kontinentalphilosophie, will man diesen naiven Begriff einmal annehmen und an diese interne Divergenz der Philosophie glauben, stärker orientiert als an der angelsächsisch-analytischen Philosophie. Folgender hier aufbauender Gedankenzug ergibt sich. Methode ist definiert als: „griech. Meta ‚nach', ‚zu' und hodos ‚Weg'."[6] Weiter als: „(...), das planmässige Verfahren zur Erreichung eines bestimmten Zieles; (...)."[7] Das altgriechische Wort für Methode – μέθοδος – meint indes primär ein ‚Nachgehen'.[8] So muss bereits eine erste Distinktion getroffen werden zwischen Methode als einem ‚zielorientierten Verfahren' und einem ‚einer Angelegenheit nachgehen'. Die Unterscheidung zieht sich entsprechend durch die Masterseminararbeit und zeigt sich an der hier an zweiter orientierten und gewählten, hermeneutisch-holistischen Herangehensweise. Denn, so meine Meinung, der eingeleitete Interessensbereich der vorkommunistischen Philosophie Russlands ist, stärker als in anderen Bereichen der Philosophie, gerade nicht analytisch-deduktiv. Der Grund dafür liegt unter Anderem am deutlichsten daran, dass überhaupt noch keine Prämissen, Systeme, Axiome usw. vorhanden sind. Die phänomenologische Annäherung funktioniert, wie Husserl bereits vermerkte, nur über die vorausgehende Akzeptanz, gewohntes Instrumentarium zurückzunehmen und vor dem Einsatz zu prüfen. Die Strategie lautet wie folgt. Die Herangehensweise ist diese, dass aus dem Werk des Philosophen Iljin die zentralen Elemente der russischen Kultur, nach Iljin, zuerst soweit dies möglich ist, isoliert-konzentrisch auszuarbeiten. Dabei ist zu beachten das Iljin stets auf Kohärenz und nicht Korrespondenz ausgelegt ist und stark mit Metaphern und Analogien und nicht mit Graduierungen und Bivalenzen arbeitet. Danach sollen Verbindungen einfliessen die sich an den Ausarbeitungen zu Iljin orientieren. Die Kontexte welche sich an Iljin entfächern, zeigen sich auf diversen Ebenen wie z. B. der Geschichtswissenschaft, Religionswissenschaft, Ethik usw. ebenso wie der historische Horizont ein offener bleibt. Die Arbeit bleibt permeabel und offen. Die Verständnisluken nach Iljin auszukundschaften und zu artikulieren, implizites möglichst in seiner eigenen Sprache explizit zu machen, ohne es unter dem Instrument der Darstellung zu kompromittieren. Das gezeigte anschliessend in einen Bezugsrahmen stellen, das ist grob skizziert die Herangehensweise zu dieser MSA. Wichtig ist wie oben erwähnt, kein Kleid der Analyse über das Wahrnehmungssensorium Iljins zu legen, keine reduktionistische Simplifikation. Also keine Textexegese Iljins, Isolierung eines Kant'schen ‚Ewiger Friede' Element der positiven Monarchiebewertung aufsuchen für Evidenzen nach Korrelationen in der Russischen Föderation. Eine solche Reductio ist zu plastisch. Diese MSA will mehr als ein Leistungsnachweis kognitiver Mustererkennung sein, sie hat das Ziel die Verstehensstagnation gegenüber der Russischen Föderation ansatzweise zu transzendieren und dies ‚von Innen' her. Dieses ‚von Innen' bedeutet nicht, wie Schleiermacher brüskiert sagte, der Versuch durch fremde Augen zu sehen, sondern das Spezifikum Iljin's ‚weissem Gedankengut'[9] in der Darstellung möglichst deskriptiv und nicht normativ zu vollziehen. Dies,

---

[6] Zwahr, Anette (Redaktionelle Leitung): Der Brockhaus, F.A. Brockhaus, Leipzig 1993, Band III, S. 562

[7] L. c. S. 562

[8] Vgl. Ausführung zur Didaktik in der Chemie der Universität Münster, URL: http://www.uni-muenster.de/imperia/md/content/didaktik_der_chemie/methoden/, Zugriff: 05.08.2016.

[9] Nicht zu verwechseln mit Rassenideologischem Gedankengut. Mit ‚Weissem Gedankengut' ist das politische Programm der weissen Armee, des Zusammenschlusses im Russischen Bürgerkrieg, gegen die Bolschewiki.

wie die Sternengebilde vermutlich nicht zu erreichende Ziel, soll zumindest die Orientierung stellen. Diese Arbeit stellt einen genuinen und ehrlichen Versuch des obgenannten dar und die Einleitung sowie diese Ausführungen sind nicht post-Resultär entstanden. Der Ausgang ist, wie es nicht anders sein soll und kann, ungewiss und findet sein Ende möglicherweise in einer Sackgasse. Das ist das heute oft verlorengegangene Abenteuer solcher schriftlichen Arbeiten. Zudem würde ich eine Einsicht wie z. B. das ‚westliches Erklären' und ‚russisches Verstehen' Inkommensurabilität aufweisen, ebenfalls als gelungen bezeichnen, denn diese MSA will, im Gebrauch des im Methodenstreit oft zur Anwendung kommenden These zweier Kulturen und Idealtypen der Forschung verstehen und nicht erklären.

Die epistemologischen Möglichkeiten befinden sich dem obgesagten nach, entsprechend in grundsätzlich anderen Begriffsdefinitionen von: Wahrheit, Wissen, Handlungen usw. Das ist wichtig zu verstehen. Unter der gewohnten logisch-realistischen und auf diesen bezogenen kritischen Ausschluss ist Iljin schlichtweg, inhaltlich, nicht zu lesen. Iljins Schrift hat keine ‚Axiomatik des Russen', keine Kategorien, keine Hierarchie oder Prinzipien, genauso wenig wie er ‚den Russen' über die Planke der Generalisierung laufen lässt. Es ist eine offene, sehr literarische, zwischen historischen Exempeln und soziologisch-ethnologischen Ausarbeitungen schwenkende Philosophie, die sich einmal als prozessorientiert und interpretativ zeigt um dann wieder Elemente der Scholastik und der Religionsphilosophie aufzuweisen. Ziel ist dabei immer ein Verständnis der russischen Eigenart und Kultur über eine möglichst adäquate, eigenständige Skizzierung der zentralen Charaktereigenschaften ‚des Russen' nach Iljin. Wichtig dabei sind methodische Ausblendungen. Es soll nicht geklärt werden ob der Rückgriff Putins eine Antwort auf die Rufe: Jelzin! Jelzin! Russland! Russland! sind, also dem Wunsch nach dem ideologischen Zerfall der UdSSR, eine philosophische Neuausrichtung zu bekommen. Die Betrachtung ob Putin Iljins Erbe einsetzt um eine Desäkularisierung unter Vermischung Nationalistischer Tendenzen zu erreichen ist, wie unzählige Ausarbeitungen in diese Richtung, hier redundant. Diese MSA will das philosophische Hauptwerk Iljins aufzeigen und aus dieser isolierten Betrachtung einige Kontextualisierungen vornehmen. Die Tiefe Iljins sowie das Oberflächliche Kontextualisieren werden sich auch in der Literaturauswahl niederschlagen. Diese Ausarbeitung kann in obgenanntem Sinne eine erste Orientierung sein für Präzisierungsfragen und exaktem Ausleuchten von politischem Handeln usw. Der amtierende Präsident der Russischen Föderation jedenfalls hat sich leidenschaftlich dem Werk Iljins zugewandt um diesen dem russischen Volk als Weg und Neuorientierung anzubieten. Gerade die letzte Phase seiner ersten Amtszeit von 2000-2008 sowie seit seinem Antritt der zweiten Amtszeit 2012 sind von diesem Gedanken tief durchdrungen.[10]

Innerhalb der möglichen Arbeiten von Iljin fiel die Auswahl unter folgenden Gründen auf das Werk ‚Wesen und Eigenart der Russischen Kultur': Einerseits ist einzig jenes Werk von Putin selbst verbal als zentral für das Verständnis Russlands bezeichnet worden und anderseits ist die Auswahl eine Folge der Mengenkongruenz von ‚Möglich' und ‚Sinnvoll'. Ich erläutere. ‚Möglich' insofern das der Bestand Iljins durch Moskau aufgekauft wurde und die wenigen

[10] Vgl. Nolte, Hans-Heinrich: Kleine Geschichte Russlands, Reclam, Stuttgart 2008. Gerade auch weil Putin 2008 die Lektüre Iljin an seine Funktionäre delegierte.

Übersetzungen die in kleinsten Auflagen im Umlauf waren vergriffen sind. ‚Sinnvoll' in dem Sinne, dass ein Grossteil des Nachlasses Iljins sich entweder zentral mit Religionsphilosophischen, zum Teil spezifischen theologischen Aspekten[11], befasst, eine Vertiefung innerhalb der Jurisprudenz resp. expliziter rechtsphilosophischer Themen hervorhebt oder gar innerhalb von prägnanten Teilbereichen der Philosophie, wie etwa der Kunstphilosophie[12] arbeitet. Das sich exakt von diesem Werk die Übersetzung von Dr. Dähler finden liess und mir durch Jenen selbst zur Verfügung gestellt wurde, rundet die Auswahl über einen glücklichen Zufall ab.

Zur Art und Weise der Literaturauswahl folgende Anmerkungen und Gedanken. Die Literatur ist einerseits, zu Iljins Werk, stark konzentriert und vertieft. Anderseits ist die Arbeit durch die vielen möglichen Ausführungen, Kontextualisierungen und Erläuterungen sehr breit und allgemein gehalten. Der Sprung in die neuste mediale Quellenform findet aufgrund der Tatsache statt, dass die meisten Reden des russischen Präsidenten in simultanen Übersetzungen aufgezeichnet und bei youtube gespeichert sind. Die Angabe des Uniform Resource Lovator sowie dazugehörender exakter Zeitangabe, ermöglicht die Verifizierung jeder Zitation ohne Schwierigkeiten. Der hierdurch vollzogene Direktbezug scheint mir gesichert, mit Ausnahme das die Übersetzung, dort wo Putin nicht in deutscher Sprache spricht, nicht versichert ist. Ich beziehe mich aber auf Übersetzungen von BBC, CNN und äquivalent grosse Sender und gehe, in gutem Glauben, einmal von der Korrektheit der Übersetzung aus. Diejenigen welche ich Herr Dr. Dähler zur Kontrolle zeigte, obschon nur ein kleines Sample, wiesen keine Fehlübersetzungen auf.

Eine Anmerkung zum, von Iljin oft gebrauchten Begriff, des ‚Russen': Neben einer heutzutage oft zum Einsatz kommenden immunisierenden Absicherung zugunsten der Genderneutralität, ist bei Iljin ‚der Russe' nicht als Exkludierung zu verstehen. Der Begriff wird, nicht unkritisch, an Teilen wo an Iljin angeschlossen wird, übernommen. Ebenso wie ‚Russisches Volk' oder ähnliche Bezeichnungen. Das ist von Iljin nicht in einem sozialdarwinistischem Sinne angewandt, geht aber über eine nationale und geographische Dazugehörigkeit hinaus. Es ist definitorisch nicht abzuschliessen, was nach Iljin die Menge des ‚Russen' umfasst, dennoch kann man es im umgangssprachlichen Sinne als Art verbindendes Kulturgut interpretieren. Hier muss man angesichts des zeitgenössischen Kontextes auf common sense und nicht political correctness setzen. Ich sehe jedenfalls keine Kriterien erfüllt ‚den Russen' Iljins in dieser MSA einer Zensur zu unterziehen. Ich beginne nun mit den Ausführungen zum Philosophen Iwan A. Iljin.

[11] z. B. die Axiome der religiösen Erfahrung (1953), Über Finsternis und Aufhellung (1959), Der religiöse Sinn der Philosophie (1925)

[12] z. B. Die Grundlagen des Schönen – Zur Kunstphilosophie (1937), Die Philosophie Fichtes (1914), Der Begriff Recht und Gewalt (1910)

Der Philosoph und der Präsident: Iwan A. Iljin und Wladimir W. Putin

„Zum Neujahrsempfang 2014 verteilte Präsident Putin an fünftausend Chefbeamte drei philosophische Werke: (...) Iwan Iljin, (...) Nikolai Berdjajew und (...) Wladimir Solowjow.“[13]

„Iljin (1883-1954) gilt der russischen Regierung als Anwalt einer konservativen Gesellschaftstheorie, die er zunächst im deutschen, später im Schweizer Exil entworfen hatte. Iljin lehnte sowol die westliche Demokratie als auch das bolschwewistische System ab und forderte eine christlich geprägte, patriarchale Herrschaftsform für Russland.(...). Im Jahr 2005 wurden Iljins sterbliche Überreste von Zollikon nach Moskau überführt und in Putins Anwesenheit neu beigesetzt. Gleichzeitig kaufte der Oligarch Viktor Vekselberg auf eine Anregung aus dem Kreml hin Iljins Nachlas in den USA und schenkte ihn der Bibliothek der Moskauer Staatsuniversität.“[14]

Zwei Jahre vor der Ermordung des 20. US amerikanischen Präsidenten Garfield und des Zaren Alexander II von Russland, im Todesjahr Richard Wagners, ein Jahr vor der Grundsteinlegung des Reichstagsgebäudes in Berlin, drei Jahre vor der Enthüllung der Bartholdi-Statue bekannt als Freiheitsstatue, kommt am Montag des 09. April 1883 nach gregorianischem Kalender, resp. 28. März nach Julianischem, Iwan Alexandrowitsch Iljin in Moskau zur Welt. Er flieht 1922 mit knappen dreissig Jahren auf dem sogenannten Philosophenschiff, ein Begriff für die von Lenin initiierte Zwangsaussiedlung einer Vielzahl russischer Intellektueller nach der Übernahme bolschewistischer Regierung Sowjetrusslands, zuerst ins Exil nach Deutschland, wo er als Professor am wissenschaftlichen Institut lehrt und später, aufgrund der Verfolgung durch die Gestapo ab 1938, in die Schweiz, wo er bis zu seinem Tod 1954 in Zollikon bei Zürich lebt.[15] Er gilt als einer der wichtigsten russischen Publizisten, Schriftsteller und Philosophen des 20. Jahrhunderts. Die Schriften Iljins sind allesamt einerseits religiös durchzogen, jedoch nicht im kanonischen Sinne der Westkirche sondern von einer Darstellung und Implementierung der Religion im Alltag und der Politik. So schreibt Iljin als Exempel im behandelten Werk viel über den russisch-orthodoxen Ikonenkult und deren Einfluss auf die Monarchie. Weiter sind viele seiner Schriften, wie über die russische Seite seiner Biographie vermittelt wird, der Versuch einer Verbindung obgenannter religiöser Elemente mit rechtsphilosophischen Belangen. So kommt Iljin auch zur Ansicht, dass ein Konditional ‚Je ursprünglicher der Glaube, desto mehr politische Handlungsfreiheit für das Volk‘ herrscht und warnt vor einer Volksherrschaft in welcher die einzelnen Elemente, also die wählenden Bürger, nicht persönlich in eine Glaubensgemeinschaft und Landeskultur verankert sind.

Der Schreibstil Iljins ist wie erwähnt sehr malerisch und romantisch, dass bedeutet das die Seele sowie das Unbewusste manifest gemacht wird, wie auf Bildern Lessing. Das ‚Zeigen‘ nimmt eine Sonderstellung Iljins an und die Art der Annäherung erinnert durch das Kreisen um eine Thematik, an den Heidegger von Sein und Zeit. Oft vollziehen sich literarische

---

[13] Schmid, Ulrich: Ideologisches Allerlei, Neue Zürcher Zeitung, veröffentlicht am: 28.04.2016, S.1

[14] L. c. S. 1

[15] Biografie von A. Iljin auf der Russischen Seite Chrono, mit streckenweiser Übersetzung, URL: http://www.hrono.ru/biograf/bio_i/ilin1ia.php, Zugriff, August 2016

Metaphern und gehen in mehrere Analogien und Verzerrungen über. Konstant ist die indirekt-disjunktive Methode Iljins. So unterlässt Iljin Aussagen der Form ‚x ist oder hat die Eigenschaft y' sondern formuliert oft mit obgenanntem Blick auf Fremdes was x alles nicht hat um dem Leser das übrig gebliebene als Approximation an ‚seinen Russen' zu präsentieren. Dabei kann man ohne weiteres viele Empfindungen und Verständnisvorgänge beobachten; jedoch selten etwas wirklich ins explizit-greifbare drehen. Ob und wie fest man Iljin folgen kann, oder ob der Eindruck entsteht, wie Nietzsche sagte; dass hier Wasser getrübt wird um es tiefer erscheinen zu lassen, ist eine individuelle Entscheidung. Den eurozentrischen Bezugsrahmen zu lockern ist keine einfache Aufgabe.

Die Brücke von Iljin zu Putin lässt sich am besten über die Philosophie selbst ziehen, also von der russischen Philosophie der Vergangenheit zur gegenwärtigen Philosophie in Russland. Ohne hier die Philosophielandschaft abzustecken ist eine kurze Situationsanalyse, bevor ich zur anderen Seite der Brücke, zum Präsidenten Putin übersetze, zur Philosophie sinnvoll. Der Lehrstuhlinhaber an der Moskauer Staatsuniversität, Fjodor Girenok, hierzu im Interview mit der neuen Zürcher Zeitung: „Zur Philosophie hatte man in Russland stets ein sehr schlechtes Verhältnis, (...). Gemeint ist die an westlichen Vorbildern orientierte Schulphilosophie, gemeint ist jede Form von analytischem oder kritischem Vernunftsdenken, (...). Im Gegenzug dazu fordert Girenok ein spezifisch russisches Organon des Denkens, das es dem Philosophen ermöglichen soll, zu zeigen statt zu beweisen, Existenzfragen in passende Bilder statt theoretische Konzepte umzusetzen."[16] Das klingt bereits wie aus der Feder Iljins der, wie noch gezeigt wird, ein grosser Feind des Intellektualismus und der westlich-analytischen Philosophie gewesen ist. Auf die Frage ob man in Begriffen der europäischen Philosophie die russische Philosophie verstehen könne, lehnt Girenok mit einem vehementen ‚sicher nicht!' ab. Der Journalist der NZZ: „Girenok spricht für manche Apologeten einer autarken russischen Philosophie, wenn er dezidiert deren vollkommene Andersartigkeit als ihre Eigenart herausstellt."[17] Was diese Eigenständigkeit ist, von welcher auch Iljin überzeugt war, kann eben in Anlehnung an das von mir oben erwähnte Exempel anscheinend nicht direkt aufgezeigt werden. Diese Eigenständigkeit soll gerade kein reaktionäres Umstellen gegen Marx von den Füssen auf den Kopf sein, sondern überhaupt hin zur literarischen Form der Philosophie, wie es in Russland unzählige wunderbare historische Exempel gibt, tendieren. Die gegenwärtige Philosophie in Russland ist eben kein soziologisch-französischer Materialismus, keine Erkenntnistheorie, kein dialektischer Idealismus Hegels, kein anthropologischer Materialismus wie bei Feuerbach, kein subjektiver Individualismus Schellings oder Fichtes, erst recht keine Systemlehre wie bei Kant und, worin überhaupt erst die Klassenwurzel liegen mag, keine dualistische Philosophie des kartesischen Zweifels bei Descartes und so weiter und so fort. Was es ist, dahin ist man, trotz der kurzfristigen Auflagenerhöhung der philosophischen Zeitschriften der Post-Perestroika, entgegen dem Aufruf Jelzins mit der Bitte um ‚Neuorientierung' an das russische Volk, nicht gekommen. Es zeigt sich, das ist festzuhalten, dass der obgenannte erste Eindruck bei vertieften

[16] Feuilleton (Hrsg.): Russische Philosophie im ersten postsowjetischen Jahrzehnt, Neue Zürcher Zeitung Archiv, veröffentlicht am: 17.08.2002, S. 3

[17] L. c. S. 3

Recherchen bestätigt, die Philosophie ist diesbezüglich von Iljin zur Gegenwart keinen grossen Umwälzungen gefolgt. Die vergangene russische Philosophie und die gegenwärtige Philosophie Russlands sind, der Idee und nicht dem Gebrauch nach, kongruent. Doch gräbt man an dieser Stelle etwas tiefer nach der Art und Weise dieser Philosophie, zeigt sich nach Iljin die Situation in etwa wie folgt. Iljin wertet Philosophie solange diese nicht der Vernunftswillen vollzogen wird und so verstehen es, wie ich feststellte, eine ganze Reihe russischer Intellektueller. Die Vernunft ist Mittel zum Zweck, wie z. B. in der Ingenieurskunst, wie die Etymologie des lat. ‚Ingenium' als ‚sinnreiche Erfindung' anmuten lässt. Das zeigt sich bei technischen Fachleuten der Rüstung, welche, wie z. B. gerade an der ‚Army Messe Russland 2016', wo neue Gleitbomben, Blendwaffen, das neue und leichtesten Grosskalibergewehr, die neuen Raketentyps wie z. B. X-101 oder die beeindruckende neue Kampfmontur Ratnik[18] vorgestellt wurden und alle westlichen Industrieländer ins Staunen versetzten. Die Philosophie hingegen ist weiterhin am Nach– und nicht Aufrüsten, indem sie in der gegenwärtigen post-postmoderne der post-moderne anhängt. In der Philosophie, dem Geschäft des ewig um sich selbst kreisenden und bohrenden schier unendlichen Monolog lässt sich scheinbar wenig entwickeln oder, das ist meine persönliche These, man sieht keinen Grund der Aufrüstung weil das Vorliegende als ausreichend bewertet wird. Das entspricht auch der Vernunft, eine passende Philosophie nicht revolutionieren zu müssen, wie es, zumindest vom deutschsprachigen Philosophiestudenten einmal pro Semester verlangt wird. Die ‚Liebe zur Weisheit' ist ohne Zweifel vorhanden, doch dann immer im Sinn eines, wie Groys es beschreibt; ‚Gefühlsphilosophie'. Diese erinnert an die Versuche sich ausserhalb einer Wissenschaft als Wissenschaft zu platzieren. Vielleicht wird sich das Wahrnehmungssensorium und die Frage was damit, dieser Art Lebensphilosophie bei Iljin, gemeint ist durch diese MSA aufhellen, es wäre vorzüglich. Iljin ist also, das ist die Kernaussage, ohne Zweifel an vorderster Philosophiefront Russlands, wo er vom Präsidenten der Russischen Föderation, W. Putin, bereits erwartet wurde.

Zwei Jahre nach dem Angriff Nordkoreanischer ‚Freiwilligenverbände' auf Südkorea, im selben Jahr als Queen Elisabeth II. den Thron von Grossbritannien bestieg, ein Jahr vor dem Tod des sowjetischen Diktator Josef Stalin, kommt am 07.10.1952 in Leningrad der damaligen UdSSR, dem heutigem Sankt Petersburg, Wladimir Wladimirowitsch Putin, als Kind eines Fabrikarbeiter und Fabrikarbeiterin, beides überzeugte Kommunisten und Überlebende der Leningrader Blockade, zur Welt. Der Grossvater Putins kochte für Lenin und Stalin, die Mutter hängt ohne das Zuwissen des Vaters stark am Orthodoxen Glauben und lässt Putin, heimlich, nach orthodoxem Ritus taufen. Sämtliche Geschwister Putins überleben das Kindesalter nicht.[19] Putin schliesst sein Jurastudium ab und tritt direkt anschliessend in den KGB, unter diversen In– sowie Auslandtätigkeiten, ein. Von ersten Schritten als Vorsitzender gewisser Komitees, später zum Sekretär des Sicherheitsrates und zum Direktor des Föderalen Sicherheitsdienstes FSB und schliesslich, von Jelzin selbst vorgeschlagen und

[18] Zur Ansicht für Interessierte, URL: https://de.sputniknews.com/infographiken/20161011312893664-kampfmontur-ratnik, Zugriff, September 2016

[19] Das meiste ‚offizielle' ist aus seiner Autobiographie über die Regierungsseite zugänglich, leider nur in Russisch. Eine Übersetzung der wichtigsten Etappen findet sich über den URL: https://www.hdg.de/lemo/biografie/wladimir-putin.html, Zugriff: September. Obschon mehrere Zeitschriften (Spiegel, Reuters, Stern usw.) auf diese Seite Bezug nehmen, gibt es z. B. im Bereich seiner Dienstzeit im Ausland Unstimmigkeiten zu seiner Verfassten Autobiographie. Dies als Vermerkt.

durch das Votum der Duma bestätigt, Vorsitzender sowie später schliesslich Präsident der Russischen Föderation per 31.12.1999.[20] Entgegen seinem Vater, so die Biographie Putins, sagt er sich schnell vom Kommunismus frei. Rot hierzu: „Nach allem, was man von ihm weiss – und man weiss nur, was er selbst zu erzählen beliebt, denn gleich nach seinem Machtantritt stellt er seine Biographie streng unter Verschluss – glaubte er nie wirklich an den Kommunismus. Marx zitiert er in seinen Reden und Interviews allenfalls, um ihn zu kritisieren. (...). Er ist Pragmatiker, und als solcher konstatiert er das Scheitern der Planwirtschaft."[21] Entgegen dem Grossvater und Vater nimmt Putin an keinem Krieg teil, weder in Afghanistan, Georgien noch in Tschetschenien.[22] Er sieht seine Arbeit im KGB, FSB, der Duma und Kremel als äquivalent zum Wehrdienst, wenn nicht sogar wichtiger an. „Ihm zufolge ist der KGB/FSB das Elitekorps des russischen Vaterlandes."[23] Von diesem Präsidenten wird nun das Werk Iljins, so zumindest eine Deutung der Zeichen, als ein zentrales Stück des ‚russischen Sonderweges' verstanden, die sich, wie Putin selbst sagt, von der vorgegebenen Systematik der westlichen Philosophie verabschiedet. Pawel Florenski: „Doch es gibt keinen Zweifel daran, dass sich die ‚Kopf'-Philosophie bei uns nie hat durchsetzen können. (...)."[24] Der zurzeit wohl bekannteste Philosoph Russlands, Mamardaschwili, schreibt hierzu: „Philosophie braucht nicht unbedingt in Form von Lehren vorzuliegen. (...). Die professionelle Philosophie expliziert ja bloss und überträgt in eine spezielle Terminologie das, was unabhängig von ihr in anderen Kulturbereichen vorhanden ist. Man lasse sich deshalb nicht irritieren, wenn Philosophie an gänzlich unerwarteter Stelle auftritt und nicht allein auf philosophischen Lehrstühlen."[25] Man ahnt bereits eine argumentative Schwierigkeit wenn Putin auf die Rechtfertigung der westlichen Politik im Rückgriff auf das philosophische Erbe nimmt und anmerkt das ebensolches Erbe an anderen Stellen in anderer Form vorhanden sei und kein Positionsbezug den Anderen zu neutralisieren habe. „Heute nimmt die russische Kultur ein eigenes Kapitel in der nationalen Sicherheitsstrategie ein. Die ‚traditionellen russländischen geistig-moralischen Werte', zu denen etwa auch der ‚Vorrang des Geistigen vor dem Materiellen' oder der ‚Dienst am Vaterland' gehören, bilden offiziell die Grundlage der Gesellschaft."[26] Hat man eine Art Philosophische Perestroika innerhalb der Philosophie erwartet, mag man nun vermutlich enttäuscht sein über das Fortbestehen des ‚Sonderweges'. Diesem Weg, welcher Putin als den einzig wirklich russischen preist, will ich jetzt durch Iljins Hauptwerk folgen. Ich beginne mit den, neben dem Glauben, zentralsten Elementen nach Iljin: Der Natur und Geschichte.

---

[20] Vgl. https://www.hdg.de/lemo/biografie/wladimir-putin.html
[21] Vgl. Eltchaninoff, Michel: In Putins Kopf, Actes Sud, Alres 2015
[22] Vgl. http://www.laender-analysen.de/russland/pdf/Russlandanalysen015.pdf
[23] Vgl. Eltchaninoff, Michel: In Putins Kopf, Actes Sud, Alres 2015
[24] L. c. S. 5
[25] Feuilleton (Hrsg.): Russische Philosophie im ersten postsowjetischen Jahrzehnt, Neue Zürcher Zeitung Archiv, veröffentlicht am: 17.08.2002, S. 7
[26] Vgl. Schmid, Ulrich: Ideologisches Allerlei, Neue Zürcher Zeitung, veröffentlicht am: 28.04.2016

Die Externen Faktoren: Die Natur und die Geschichte des Russen

„Man muss den russischen Bären aus seinem Winterschlaf, (...), geschreckt haben, - dieses gewaltige Untier, (...) und dann wird man vielleicht glauben wollen, dass nur zähe Naturen diese Wälder, Sümpfe und Steppen bewohnen und bebauen können, dass hypochondrische Zärtlinge hier wenig Gemütliches finden werden."[27]

„Die Geschichte Russlands ist eine Geduldleistung und ein ununterbrochener Opferdienst: ewige Bereitschaft, ausdauernde Zähigkeit. Grundsätzlich genommen, besteht aber die Zähigkeit nicht darin, dass man sein Wesen, seinen Glauben und seine innere Haltung nachgiebig ändert, denn das wäre vielmehr Schwächlichkeit und Kriecherei; sondern, dass man dem Unabwendbaren ruhig die Stirne bietet und auf diese Weise sich behauptet. Dazu braucht man Mut, nicht als Augenblicksflamme, sondern als stille Glühkohle, die unter keiner Asche verglimmt und sich durch keinen Regen verschütten lässt. Das ist eben die grosse Schule der Natur."[28]

Durch das Werk Iljins hindurch findet sich eine grosse Zäsur zwischen Externen Aktionen und internen Reaktionen. Das Interne, der Glaube, hat dabei in einer Art Parallelismus seinen eigenen Weg, kann aber, so Iljin, unter den externen Faktoren quasi sein sonst schlummerndes Telos in Analogie zum Winterschlaf des sibirischen Bären zu entfalten beginnen. Die Natur und die Geschichte sind somit eine Art Katalysator welche den internen Faktor Glauben antreiben und durch welchen die russische Kultur überhaupt mit solch externen Faktoren umzugehen im Stande ist. Die Eigenschaften wie Volksseele und historischer Auftrag, welche sich, so Iljin, tief im gegenwärtigen russischen Kollektivbewusstsein befinden, sind die Folge eines kontinuierlichen Einflusses der Natur und der russischen Geschichte. Parellelismus zwischen Externem und Internem, weil Iljin keinen direkten Übergang zwischen den Beiden konstatiert, keine Verbindung oder Kausalität. Ebenso kann keine Präpositionierung oder eine Art Suszeption vom Einen in das Andere gefunden werden. Die Natur, Geschichte und der Glaube sind, so Iljin, eine gegenseitige Abhängigkeit und geschlossene Funktionalität. Ein ganz Holistischer Ansatz also. Die Bewegung geht aber, deshalb obgenanntes Zitat, von den externen Faktoren aus und überträgt sich, obschon nicht nachvollziehbar, in die internen Zustände des Russen. Iljin: „Die Seele des Volkes steht in einem lebendigen und geheimnisvollen Zusammenhang mit seiner Naturgegebenheit und darum lässt sie sich nicht gut ohne Beachtung dieses Zusammenhanges deuten und verstehen."[29] Die pompöse Darstellung der Natur, welche Iljin über viele Seiten vollzieht, bietet nichts herauszuhebendes, sondern will dem Leser eine Art Ehrfurchtsgefühl einverleiben. Hier lässt sich, neben dem beeindruckenden Wortschatz Iljins, nichts destillieren. Der zentrale Punkt ist jedoch nicht zwingend die Qualität der Natur, also Flora, Fauna usw. sondern die quantitative Grösse des Landes, welche: „(...) etwa zwei Mal so gross wie ganz Europa, drei Mal so gross wie die Vereinigten Staaten Nordamerikas und fünfmal so gross wie das heutige China."[30] Zu den Flüssen Russlands folgender kleiner

---

[27] Iljin, Iwan: Wesen und Eigenart der russischen Kultur, Aehren Verlag, Affoltern 1944, S. 159
[28] L. c. S. 158
[29] Iljin, Iwan: Wesen und Eigenart der russischen Kultur, Aehren Verlag, Affoltern 1944, S. 13
[30] L. c. S. 13

Auszug: „Diese Fläche trägt gewaltige Flüsse, mit denen nur die grössten Ströme der Welt – der Nil, der Amazonas, der Jangtsekiang, der Mississipi – sich messen können."[31] Zum russischen Wald: „Allein im europäischen Russland (...) beansprucht der Wald 93% der Gesamtfläche. Prozentmässig sind nur Schweden, Kanada und die U.S.A waldreicher. Aber ganz Schweden ist nicht viel grösser, (...)."[32] Der Inhalt dieser drei Zitate ist nicht so zentral wie der argumentative Vorgang der sichtbar wird, der Komperativismus. Iljin wird selten von dieser, eigentlich aus der Scholastik stammenden Philosophiestrategie, abweichen. Der Vergleich selbst ist eine Art die Welt zu sehen, wie Iljin schreibt. Also auch hier mit Blick auf das, wenn auch Globale, Kollektiv. Diese archimedische Konstante zieht sich von der bemannten Raumfahrt zum Wettrüsten bis zum Einsatz neuster Boden-Luft Waffen im Bürgerkrieg Syriens. Der Vergleich ist, wie auch im Kapitalismus, eine treibende Kraft welcher sich Iljin bewusst ist. Weiter zieht sich aus den Naturausführungen Iljin die Ansicht der russischen Zähigkeit als Folge der Natur und Geschichte. „(...) hat der Russe seine Zähigkeit von der natürlichen Umgebung. (...). Die harte Schule der russischen Kriegsgeschichte hat dem Russen eine eigenartige Zähigkeit beigebracht, (...)."[33] Zur Geschichtsbetrachtung später. Man kämpft sich nun durch eine Art Heldenepos in welchem Iljin immer wieder schildert wie die Bipolarität der arbeitsintensiven Sommer und den durch den Schnee zum Stillstand verdammten Winter, unter welchen das russische Volk das Ausharren und in kürzester Zeit voller Intensität zu arbeiten verinnerlicht hätten. Unter grossem Pathos wird erläutert wie die Natur dem Menschen einen Weitblick, harte Knochen, ein ausdauerndes Gemüt und eine Art Akzeptanz des ‚Damoklesschwertes über dem Kopf' lernte. Hier wird ausgebaut von den Rückzugsstrategien der Russen geschrieben und wie sie mit dem Wald gegen Tataren, den Flüssen gegen die Mongolen, dem Schnee gegen Napoleon usw. kämpften. Von Iljin Geschriebenes hier zu verdoppeln ist Unsinn und die Essenz geht nicht über das obgenannte hinaus, dass hinsichtlich der einzigartigen Natur das russische Volk seine Einzigartigkeit entwickelt hat. Das ist vorerst nicht sehr Inhaltsreich aber hinzunehmender Bestandteil dieser Monographie Iljins. Die Natur ist bei Iljin Kulturintern zu verstehen. Dies führt zu erwähntem Volkscharakter der Zähigkeit der Iljin wie folgt beschreibt: „(...), durch irdische Feuersbrunst sich nicht vernichten zu lassen; im wirtschaftlichen Ruin eine Erneuerung vorzubereiten; durch Not und Wirrwarr sich geistig abklären zu lassen; im Zerfall den Mut nicht zu verlieren; im Leiden sich zu ernüchtern und zu beten, (...), gleich einem Phönix aus Asche zu erstehen, auf Knochen und auf Trümmern Zu bauen; mit Nichts anzufangen, sich rasch zu erholen und unermüdlich zu schaffen."[34] Wichtig ist zu verstehen dass eine solche Verschmelzung von Natur und Mensch im Charakter auch eine exkludierende Eigenschaft besitzt. Wer nicht Teil dieser Natur ist, kann nicht Teilhaben am russischen Charakter; an der russischen Kultur. Es gibt, zu Treffen mit Bush Jr. Ungemein viele Aufnahmen in welchen Putin darauf verweist, dass der Mensch unter texanischer Hitze und der Mensch in sibirischer Kälte, doch in Wirklichkeit wie Tag und

---

[31] L. c. S. 14
[32] L. c. S. 15
[33] L. c. S. 158
[34] L. c. S. 163

Nacht seien. Von der Natur zu den Erläuterungen der Geschichte des russischen Volkes nach Iljin.

„Wer die Geschichte Israels verstehen will, der muss sich die Gestalten des Jähre und der Bundeslade vergegenwärtigen. (...). Die Kultur Ägyptens ist nur über das Wesen der Mumie und über die Würde des Pharao zu verstehen.“[35]

„So entfaltet sich Russlands gesamte Geschichte als Geschichte der Verteidigung, des Kampfes und der Opfer: (...). Von überall zugänglich, von nirgends geschützt, lag Russland da, als eine Art Lockbeute (...). Das ist die Geschichte Russlands: die Geschichte einer andauernden nationalen Notwehr.“[36]

„Da hätte der Römer, mit Seneca zusammen, (...), gesprochen: denn im Leiden und in der Abhärtung erstarkt der Geist. Da hätte der Germane, mit Richard Wagner zusammen, an die ‚Wälsungen' gedacht, denen Wotan ‚schlimm sich zeigte' und die er dennoch nie aus dem Herzen verlor. Da hat aber das russische Volk ganz christlich meditiert, z. B. in folgenden authentischen Formeln, die ich dem Volksmunde entnehme: ‚Der Herr sendet Prüfungen, man hat sie zu bestehen'.“[37]

Iljin bleibt seiner Methodik treu. Er vollzieht zuerst einige negative Exempel unterschiedlicher, meist Militärhistorischer Exempel, um danach ebenfalls historisch-empirisch aus einigen Samples eine sich wiederholende Konstante zu festigen. So isoliert und filtert Iljin aus, ebenfalls oft Kriegs– oder Militärhistorischen Kontexten der russischen Geschichte einen weiteren, nach ihm, typisch russischen Volkscharakter. Das hierbei der induktive Fehlschluss zum Tragen kommt, würde Iljin als überzogenen Intellektualismus abweisen. Die getroffene Auswahl überschreitet dabei jegliche Lokalisation und kann vom mittelalterlichen ‚Bärenbezwinger' zum Kämpfer gegen den Deutschen Ritterorden zu einem Panzerabwehrlenkwaffensoldaten des 20. Jahrhunderts reichen. Das erwähnte ineinander übergehen von Natur und Mensch dehnt sich um einen weiteren Faktor in der Zeit aus, der Geschichte. Die Frage, ähnlich dem Leib-Seele Diskurs, wie die Übergänge funktionieren wird ebenfalls nicht behandelt, da dies, so Iljin, eine analytische Frage sei und für die Beantwortung seiner Darstellungen keine Relevanz aufweist. Ich betone wiederholt, dass hier der Fehler einer negativen Wertung der wissenschaftsphilosophischen Lücken den Weg verlässt, Iljins Ausführungen nachzuvollziehen. Iljin überwindet, das ist der zentrale Punkt, den kategorialen Graben zwischen Natur und Geschichte. Aus historischen Betrachtungen ein Naturgesetz abzuleiten, darin war er zu dieser Zeit in Europa definitiv nicht der einzige und nicht gefährlichste. Ein markanter Unterschied ist jener, dass Iljin seine Studien und Ansichten nicht gegen aussen, also in einer aggressiven Ablehnung oder Abneigung präsentiert, sondern einzig zur inneren Festigung und Konsolidierung. Man findet in der Tat im ganzen Werk keine nach aussen gerichteten Aggressionsgrundlagen. Putin übernimmt diese ‚Strenge nach Innen' sehr oft, gerade in Fernsehinterviews, wie z. B. seine Antwort auf, nach einer durch Putin selbst eingeleiteten Übersetzung der Frage auf Russisch und

[35] L. c. S. 140
[36] L. c. S. 155
[37] L. c. S. 144

Rückantworten in ausgezeichnetem Deutsch, eine Frage von CDU Politiker Willy Wimmer zum aufkommenden Nationalismus Russlands: „Der Patriotismus unterscheidet sich grundlegend vom Nationalismus. Der Nationalismus ist der Hass zu anderen Völkern, der Patriotismus ist die Liebe zum eigenen Vaterland."[38]

„Wer die Geschichte Russlands von einer höheren Warte überblickt, der sieht ein Bild von grosser dramatischer Spannung, und zwar einer äusseren, politisch-militärischen Spannung, und einer inneren, sozialen, sittlich-geistigen und religiösen Spannung."[39]

Die Ursache der genannten historischen Spannung gleicht dem Muster zwischen Natur und Mensch, mit der Ausnahme das sie hier asymmetrisch verläuft zwischen dem Streben des Russen nach einem gläubig-frommen ruhigen Leben und der von aussen an das russische Volk herangetragenen Notwendigkeit sich diese Lebensautarkie zu erkämpfen. Ich erinnere an die Bemerkung Groys, dass der ‚Sonderweg Russlands' einmal mit Dreck, dann Blut, danach einer Ideologie und gegenwärtig durch Ressourcen bezahlt wurde und wird.[40] Es sind also diese Gegensätze der ständigen Torpedierung der russischen Lebensweise. Iljin hierzu: „Es scheint, als ob hier alles vorausgesehen wurde, um das Volk mit inneren Gaben zu beschenken, und dafür ihm äusserlich die schwersten Lebensbedingungen, die man sich nur vorstellen kann, aufzuerlegen."[41] Man erkennt bei ‚schwersten Lebensbedingungen', welche das gefrieren der sibirischen Pelym oder die Invasion der goldenen Horde usw. bezeichnet, die Koppelung von Natur und Geschichte. Die Funktionalität wurde mir erst bei mehrfacher Lektüre verständlich. Iljin versteht die externen Faktoren als Druckaufbau und die Reaktion des russischen Volkes als Druckausgleich durch den Glauben. Zum Glauben später. Der Druckaufbau entsteht zwischen der Wechselbeziehung von Kontrast, z. B. zwischen den arbeitsintensiven Sommer– und stillstehenden Wintermonaten in Russland, der Erfahrung der Pax Rus, dem Tatarenjoch und der Rückeroberungskriege der Moskowiter; also Frieden, Unterdrückung und Krieg. Iljin nennt dies die Friedenszeit 800-1237, die Invasionszeit 1237-1241 und die Zeit der Konsolidierung ab 1481. Zu dieser letzen, ab 1481 eingeleiteten, Phase schreibt Iljin: „Es ist die Epoche der inneren Erholung vom Grenzkampf, die Epoche des Aufbaus, der kulturellen Durcharbeitung des natürlichen und des menschlichen Reichtums. Russland wird sich als ‚Imperium' mit grossem Territorium und grosser, verschiedenartiger Bevölkerung bewusst und übernimmt die ‚imperialen' Pflichten und Aufgaben. (...). Diese Epoche hat erst begonnen und ist also noch lange nicht abgeschlossen."[42] Die Februar– und Oktoberrevolution sowie die Kommunistische Herrschaft unterbrechen diese Phase und erst ab der Souveränitätserklärung der Russischen Föderation 1990 ist dieser Prozess wieder aufgenommen worden, also seit einer guten Generation. Der russische Binnenkolonialismus, die Kriege gegen die Grande Armée, die Urkatastrophe, die Russischen Revolutionskriege, der kommunistische Terror und des Deutsch-Sowjetischen Krieges der Ostfront im grossen

---

[38] Putin Wladimir übersetzt Wimmer, Willy, RT 07.04.2016, URL: https://www.youtube.com/watch?v=qFOcqzno5jc, Zugriff, September 2016

[39] Iljin, Iwan: Wesen und Eigenart der russischen Kultur, Aehren Verlag, Affoltern 1944, S. 142

[40] Das Philosophische Quartett: ‚Putins Russland', Ausgestrahlt auf 3sat am 26.11.2006, URL: https://www.youtube.com/watch?v=kOOKKQBAykl, Zugriff: August/September 2016

[41] L. c. S. 144

[42] L. c. S. 143

Vaterländischen Krieg, sieht Iljin als externe Faktoren die an das gläubige Volk zu deren Prüfung herangetragen wurden und welche das russische Volk allesamt bestehen konnte. Ich unterlasse es auch hier bewusst von einer deskriptiven in die normative Ebene zu wechseln. Iljin böte genügend Angriffsfläche für Kontradiktionen oder Paradoxien, jedoch würde man in einer solchen Übung einerseits gerade das vollziehen was Iljin ablehnt und vergessen, dass seine Darstellungen, wie sie denn nun auch sind, einen, wie auch immer gearteten aber unbezweifelbaren Einfluss auf Präsident Putin haben. Je mehr und tiefer man eindringt in Iljins Philosophie, desto mehr breitet sich ein Verständnis der gegenwärtigen Doktrine Russlands aus, so zumindest, nicht umfänglich realistisch, das Leitmotiv dieser MSA. Die Wichtigkeit dieser gegenwärtigen Phase seit 1481 bezeichnet Iljin, denkt man an obgenannte Kriege und die je nach Angaben bis zu geschätzten 27 Mio. Tote der Sowjetunion im zweiten Weltkrieg, unter sehr despektierlichen Art wie folgt: „Die ganze vorangehende Geschichte ist gleichsam Vorwort und Vorbereitung, eine Art von ‚Flurbereinigung' oder ‚Purgatorium' zu dieser Epoche gewesen."[43] Es ist diese Idee der Zuspitzung des historischen Verlaufes in welchem zum Schluss ein gesichertes und stabiles, ein starkes und gegen die externen Faktoren den Druckausgleich vollzogenes, eigenes Russland stehen soll und wird. Das ist grundsätzlich nicht ganz anders als die Visionen Jelzins und Clintons. Iljin kannte die Geschichte Russlands minutiös und hätte vermutlich im Jahrestakt ausführen können. Der Blick richtet sich aber auf die Frage der Etappen, resp. auf die von Iljin benannten zentralen Phasen. Die gemachte Divergenz von Frieden und Krieg ist, eine Erfahrung welche die Schweiz nicht kennt, zentral hinsichtlich des oft noch über Generationen hinweg zeigenden unterschiedlichen Wahrnehmungssensoriums. Solche, aus einem strengen Positivismus etwas naive Feststellungen sind damit nach Iljin gemeint. Neben Frieden und Krieg, nannte ich die Unterdrückung, welche für Iljin anscheinend noch imposanter ausfällt. Das Tatarenjoch oder wie oft durch den Westen in Anlehnung an die Unterwelt der griechischen Mythologie ‚Tatarenjoch', steht im russischen Kontext für die Auseinandersetzung zwischen mongolischen Khanaten und russischen Fürstentümer. Dazu einige Ausführungen. Das Tatarenjoch meint also genauer das Mongolenjoch, da Tataren eine Eigenbezeichnung für in Sibirien lebende Turkvölker ist und unter Anderen auch die Mongolen damals subsumiert. Es ist ein Name für diverse Völker wie den Krimtataren, Kerulen, Kasachen, Aserbaidschaner oder oft auch Muslime in Litauen und Polen usw. Grundsätzlich waren die russischen Fürsten durch die mongolischen Besetzer dazu verpflichtet um ihre Stellung und Titel beim Darughachi, dem mongolischen Statthalter, zu bitten und diesem regelmässig Tribut abzulegen. Dazu kam das jährliche Pilgern in die damalige Hauptstadt der goldenen Horde sowie die Umsetzung, von Iljin allesamt aufgezählten Assimilationsansprüche der Mongolen wie Sprache, Kleidung usw. Neben der Fähigkeit der Unterscheidung zwischen Frieden und Krieg ist es nach Iljin eine Besonderheit, was nach ihm und mit Blick auf indigene Völker nicht immer gelingt, unter einem fremden Usurpator innere Standhaftigkeit zu wahren und das Joch und alle obligatorischen Dependenzen äusserlich, ohne wahrhaftige Assimilation zu ertragen, um im richtigen Moment das Joch mit brachialer Gewalt abzuwerfen, was den Russen erst durch Iwan dem Grossen gelingt. Man erkennt also zwei zentrale Elemente.

[43] L. c. S. 143

Krieg ist nach Iljin nicht in erster Linie eine Katastrophe sondern eine, falls möglich mit allen Mitteln abzuwendende, Art Prüfung des Russen und eine Konstante in der er viele Erfahrungen gesammelt hat. Zweitens, ist es von grosser Bedeutung gegen dieses äussere Joch Standhaftigkeit unter Rückbesinnung auf ‚das Eigene' unter Beweis zu stellen. Assimilation wird negativ konnotiert. Mit den obgenannten Kriegen und zu ertragenden Usurpationen ist jedoch noch ein weiteres Element bei Iljin sehr stark vertreten: der Gedanke, Russland sei ein Schutzwall Europas unter welchem sich Jenes überhaupt erst weiterentwickeln konnte. Iljin: „Das war geschichtlich eine recht bedeutende, aber undankbare Rolle: schützen ohne unterstützt zu werden; auf sich selbst angewiesen bleiben; auf einer offenen Ebene leben und aufbauen müssen und jedem beliebigen weiteren Einbruch und Angriff exponiert bleiben."[44] Zum Dank der Schutzleistung an der europäischen Festung verlangt Iljin: „(...) wir haben euch gerettet, wir haben einen fürchterlichen Preis dafür bezahlen müssen, dadurch wurden wir in unserem Fortschritt aufgehalten, wir sind zivilisatorisch rückständig geworden, - jetzt müsset ihr uns schonen, und ganz besonders dürfet ihr uns nicht angreifen, nicht aufreiben, nicht erobern wollen usw. (...)."[45] Iljin weiter: „Was diese wüste Völkerflut (wie z. B. die Hunnen, von undefinierter Rasse und durchweg vom primitivsten Niveau) – für Westeuropa zu bedeuten hatte, brauche ich hier nicht auseinanderzusetzen. (...). Jahrhunderte verstrichen, bis die politische und zivilisatorische Konsolidierung gelang. Und dennoch baute Westeuropa auf dem Fundament der römischen Kultur, und zwar in jeder Hinsicht, der Bildung, des Rechts, der Politik und des Militärwesens."[46] Iljin versteht die russische Kultur, einmal mehr, im Vergleich zur römischen Kultur, indem die russische den Osten und die römische den Westen durchdringt. Damit will Iljin insbesondere darauf hinweisen, dass sich zentrale Elemente der europäischen Kultur dank der russischen überhaupt erst entwickeln konnten und weiter diese Entwicklung, gerade im Kirchen– und Privatrecht resp. Eigentumsrecht, eine andere Entwicklung genommen haben als im Osten. Iljin schreibt: „Weder das römische Recht, mit seiner gediegenen aber hart geschliffenen Privatrechtskultur, die sich so schwer verschristlichen labt, noch die römische Kirche mit ihrer Willensdisziplin und Machtkultur, wurden jemals massgebend in der Geschichte Russlands. Diese zwei grundsätzlichen Prämissen der westeuropäischen Kultur fehlen in Russland, was man bei der Behandlung des russischen Rechtsbewusstseins und der russischen Religionsgeschichte nie vergessen darf."[47] Das grosse Schisma wird im Kapitel zum Glauben behandelt und Rechtsphilosophische Thematiken folgen ebenfalls später. Die Einsicht des Verständnisses einer historisch herangewachsener Eigenheit war hier, als zweiter externer Faktor Iljins, zentral. Der letzte Anstoss Iljins zur Überdenkung der Geschichte, ist derjenige mit den stärksten Korrelationen zu unserer Gegenwart. Es geht um die Rus und um die Krim. Der Brockhaus schreibt zur Rus: „Rus die in griech. Quellen Rhos, urspr. Bez. für die waräg. Oberschicht im Kiewer Reich, später auf das Reich Kiewer Reich und die ostslaw. Bev. übertragen; davon abgeleitet ‚Russe' bzw. ‚Russland'."[48] Die Rus kontrollierte den Handel nach Byzantin, resp. die meisten

[44] Iljin, Iwan: Wesen und Eigenart der russischen Kultur, Aehren Verlag, Affoltern 1944, S. 151
[45] L. c. S. 152
[46] L. c. S. 150
[47] Iljin, Iwan: Wesen und Eigenart der russischen Kultur, Aehren Verlag, Affoltern 1944, S. 151
[48] Zwahr, Anette (Redaktionelle Leitung): Der Brockhaus, F.A. Brockhaus, Leipzig 1996, S. 475 Band IV

Handelswege zwischen der Ostsee und dem Schwarzen Meer. Sie gilt wie oben angedeutet, noch vor der Verlegung der Hauptstadt des Fürstentums von Nowgorod nach Kiew, als die Wiege des heutigen Russlands. In der Geschichte der Kiewer Rus waren, ähnlich dem heiligen römischen Reichs, immer Teilfürstentümer sowie einzelne Grossfürstentümer involviert und zu keiner Zeit war das Gebiet das durch das Geschlecht der ‚Rurikiden' beherrscht wurde, ein Einheitsstaat.

Der zweite Punkt und nicht minder aktuell, handelt von der Krim. Im Brockhaus hierzu: „Krim, Halbinsel und Rep. Innerhalb der Ukraine, an der N-Küste des Schwarzen Meeres, (...). Geschichte: Nach 63 v. Chr. geriet die K. in Abhängigkeit des Röm. Reich und wurde im 4. Jh. n. Chr. von den Goten, dann von hunn. Stämmen und im 13. Jh. von den Mongolen erobert. (...). 1783 kam die Halbinsel an Russland; (...) im Bürgerkrieg (1918-1921) Operationsbasis und Rückzugsgebiet der ‚weissen' Armeen (...). 1954 Angliederung der K. an die Ukraine. SSR. Nach Auflösung der Sowjetunion wurde die K. zum Streitobjekt zw. der Ukraine und Russland, (...); am 30.06.1992 billigte das ukrain. Parlament ein Gesetz, das der Rep. K. weitgehende Autonomie gewährt."[49] Dabei ist die Tatsache das die Krim lange Zeit ein eigenes Khanat der Tataren bildete, die erst 1988 die Rückkehrerlaubnis aus dem Exil erhielten, genauso wichtig wie die Tatsache das auf der Krim das militärische Oberkommando der ‚weissen Armee' welcher auch Iljin angehörte, stationiert war, ebenso wie das der spätere Parteichef Chruschtschow, der im Gouvernement Kursk im russischen Kaiserreich der späteren Sowjetrepublik und heutigen Ukraine geboren, die Krim 1954, ohne ersichtlichen Grund oder Drängen von aussen der Sowjetischen Republik Ukraine verschrieb. Die heutigen Streitigkeiten müssen zwingend unter dieser Kontextualisierung betrachtet werden, wofür diese MSA dringlichst appelliert. Das Khanat der Krim war durch den Handel mit dem osmanischen Reich ein machtpolitisches Zentrum geworden und emanzipierte sich von den Mongolen. Die Krim, lange Zeit Vermittler zwischen Ukraine und Osmanischem Reich, zwischen Islam und Christentum, begann mit gross angelegten expansiven Feldzügen, besonders gegen die Moskowiter. Erst die Schlacht bei Molodie 1572, brachte die Entscheidung, welche später im Niedergang der Krimtataren durch russische Truppen mündete. In solchen bezeugten Rückblicken sieht Iljin stets die Aufhellungsmöglichkeit aktueller Handlungen. Als Exempel zwischen dem östlichen Kollektivgedanken und dem westlichen Privatgedanken schreibt Iljin: „In Russlands Geschichte ging es so, dass die fast ununterbrochene Kriegsnot alle Kräfte anspannen musste, jeden Stand und jeden Bürger überall in Anspruch nahm und zu erfassen suchte, dafür aber das Privatinteresse und das Wohl des Einzelnen hintansetzen musste: zuerst kam der Dienst, die Leistung, dann erst das Übrige."[50] Iljin stellt ebenfalls die These auf, dass nur ein auf Aggression ausgerichteter Kolonialismus unter der Schirmherrschaft einer rechtsphilosophischen Deklaration der ‚Landnahme', seit den Römern, wie sie von diversen imperialen Kolonialisten vollzogen wurden wie z. B. König Leopold II von Belgien in Afrika resp. Kongo oder den US Kolonien und ihrem aggressiven Landnahme bis zur Unabhängigkeitserklärung, ein solches Privatrecht aufzustellen im Stande sind. Ein auf die Defensive oder Binnenkolonialismus basierendes

[49] Zwahr, Anette (Redaktionelle Leitung): Der Brockhaus, F.A. Brockhaus, Leipzig 1996, S. 258 Band III
[50] L. c. S. 165

Imperium hingegen nicht. Den Grund sieht Iljin in der unterschiedlichen Ausrichtung auf Expansion und somit die Notwendigkeit diese, wie bei den puritanischen Pilgerväter und Siedler, Landnahme rechtlich abzusichern, was bei einer inneren Sicherstellung und Konsolidierung schlicht nicht von Notwendigkeit ist.[51] Iljin will nicht belehren, sondern daran erinnern, dass die Betrachtungen des Privatrechtes im Sinne des Privateigentums, nicht nur vom Kontinent zu den Kolonien stark auseinandergehen, sondern erst Recht nochmals andere Dimensionen der Divergenz annehmen, wenn man in den Osten, resp. nach Russland blickt. Diese Vertiefungen sind ungewöhnlich für unser gegenwärtiges Denken, dass sich immer stärker als ein transtemporales und transhistorisches verstehen will. Für einen gelingenden Kulturdialog scheinen sie, so das hier vorgelegte Plädoyer, zumindest unter Beteiligung mind. einer Seite die Wert hierauf legt, essenziell. Iljin erwähnt, dass ist als Teil des Programmes der ‚weissen Armee' zu interpretieren, jedoch unmittelbar anschliessend: „Und dennoch muss der Historiker feststellen, dass die Idee eines totalitären, eventuell kommunistischen Staates in der Entwicklung Russlands nie aufgetaucht ist, nie diskutiert geschweige denn in Angriff genommen wurde. (...). Der persönliche Status musste streng limitiert werden, ganz besonders bei den beweglichen oder gar flüchtigen Elementen der Arbeitsklasse, aber die Idee, den Menschen zu entpersönlichen (was bei den Kommunisten als Grundsatz gilt), ist der Anschauung und der Praxis immer fern geblieben. (...); dafür kämpfte auch die natürliche Freiheitsliebe des Russen; (...)."[52] Es sind diese Erfahrungen von Frieden, Krieg und Unterwerfung, die Kontingenz einer mehrfach tangierten effektiven Zerstörung des russischen Volkes, welche sich neben der Einwirkung der Zerstörungskraft der Natur in ein permanentes Damoklesschwert über dem Russen ge– und verwandelt hat. Diesem Joch und dieser Exponiertheit, ist er, der Russe, nur entkommen, so Iljin, weil er die Privatinteressen zurückzustecken vermochte, weil er das Individuum für das Kollektiv aufgeben konnte, weil er die Fähigkeit des Aussitzens, des Ausharrens, dieser durch die orthodoxe Kirche ausgebaute Tradition des kontemplativen Erduldens und, nicht zuletzt, weil er, so Iljin, sich für alle obgenannten Einflüsse ein historisches Bewusstsein geschaffen hat. Das Russland sich angeblich in einer Konsolidierungsphase befindet und nur bei Notwendigkeit reaktionär reagiert, trifft sich mit dem Zeitpunkt dem EU-Ukraine Ratifizierungsabkommensversuch von Janukowytsch, mit dem Ausbau des Raketenabwehrschildes, mit der Osterweiterung der NATO Kräfte sowie des mehrfachen Alleinganges des US Imperiums im UN Sicherheitsrates, wie zuletzt bei der Lufthoheitssicherung zu Libyen und viele weitere mögliche Exempel. Erneut muss man kein Bismarck'sches Wahrnehmungssensorium besitzen um einige Verbindungen zu erfassen.

---

[51] Vgl. Iljin, Iwan: Wesen und Eigenart der russischen Kultur, Aehren Verlag, Affoltern 1944

[52] L. c. S. 166

Exkurs I: Die Akzeptanz des Chaos, des Nichts

„To be, or not to be, that is the question“[53]

Denkt man sich in die griechische Mythologie als Wiege des Abendlandes zurück, an die Verbindung der Mutter der Erde mit Tartarus, hier nicht das obgenannte Turkvolk, so fällt einem von der Geburt des Eros, Erebus zum Nyx usw. die Konstante auf, dass die Entwicklung des Lebens sich aus einem unendlichen Nichts, einem Chaos heraus vollzieht. Von der, durch die Philosophie einverleibten Mythologie bis zur Manifestation als Indefinitpronomen der Grammatik als ‚nicht Irgendetwas' resp. zum Substantiv des ‚Nichts' als, mit Aristoteles, Kategorien– und Wesenloses. Diese Linie liesse sich ohne Aufwand vom Vorsokratiker Parmenides zu Kant, Hegel, Sartre – wie in seinem Hauptwerk ‚Das Sein und das Nichts' vollzogen – weiter zu Heidegger, Derrida usw. nach-voll-ziehen. Worauf dieser Exkurs hinaus will ist der an dieser Stelle von mir, hoffentlich unbemerkten, Sprung vom Chaos zum Nichts, im Sinne einer Gleichsetzung. Genau diese Äquivalenzvorstellung von Chaos und Nichts ist etwas sehr europäisches. Dieses Nichts hat, ob als ‚creatio ex nihilio' oder als Existenzial in der Fundamentalontologie Heideggers stets die Eigenschaft alles zu exkludieren. Der deutsche Philosophieprofessor Abel glaubt hier eine der grundlegendsten Dichotomien des Westens zu erkennen, welche sich im obgenannten Zitat aus Shakespeares Hamlet so treffend manifestieren. Der intendierte Sinn des Exkurses ist auf die Tatsache hinzuweisen, dass Iljin einerseits die vorgegebenen Dichotomien philosophisch in Frage stellt und anderseits eine Art kopernikanische Wende in einem Verständnisaspekt zu vollziehen. Diese Wende leitet sich, nach Iljin durch die Betrachtung des Chaos, des Nichts in der russischen Kultur ein. Dabei zieht sich diese implizite Konstante durch das Gesamtwerk Iljins. Erst nachträglich rekonstruiert wird diese Abweichung in der Schrift Iljins sichtbar. Es handelt sich um eine komplementäre, wenn nicht an manchen Stellen gar asymmetrische Kontravorstellung des russischen Volkes zu obgenanntem Nichts – zum Chaos. Dabei will nach Iljin verstanden werden, dass dieses ‚Nichts' keine Realität und kein metaphysischer Garant darstellt, also keine Weltsicht, eine sehr spezifische eurozentrische Vorstellung aufweist. Die eigene Sicht als gefestigt anzunehmen, davon sind, glauben wir Kuhn oder Lakatos, die wenigsten von uns verschont geblieben. Nun gab es, gerade bei Permenides oder Aristoteles, Denker, die sich das Nichts in einer positivistischen Vorstellung, einer Art negierten Ontologie, vorzustellen versuchten. Dabei bleibt, sogar in der Vakuumsforschung am CERN, dass Nichts gerade etwas nicht positivistisch darstellbares, sondern die Absenz von ‚Irgendetwas'. Iljin selbst macht, von seinem Schweizer Exil aus die Erfahrung durch diverse Vergleiche mit, wie er selbst schreibt, der schweizerischen Kultur, dass der Russe, so Iljin, das Sein und nicht Sein als äquivalente Seite einer Münze versteht. Damit ist nun keineswegs eine Orientierung an diesem Nichts, wie es in manchen Buddhistischen Klöstern praktiziert wird oder gar der Versuch der Integration in eine esoterische Lebensphilosophie gemeint. Iljin besteht auf der Ansicht, dass das russische Volk das Nichts, das Chaos, als Art Bedingung der Möglichkeit versteht und das, der springende Punkt laut Iljin, anerkennend schätzt. Wo der, um einmal plakativ zu schreiben, Westen die Genese und gleichzeitig den

[53] Shakespeare, William: Hamlet, Hofenberg Sonderausgabe, Berlin 2016, 3. Aufzug, Szene I

Limes der Existenz sieht, also in der Ordnung und dem Sein, sieht der Russe die Fortsetzung einer Bewegung.[54] Ich empfehle die Analogie zum menschlichen Sehorgan, dem Auge. Das Auge kann sich nicht selber sehen und ist Bedingung der Möglichkeit jeglicher Sehmöglichkeit. Ähnlich versteht der Russe das Nichts und das Chaos. Als ein nicht sichtbarer Teil und Fortsetzung eines Prozesses. Diese Philosophie muss von den religiösen Ansichten differenziert werden. Hier, so Iljin, handelt es sich nicht um die Frage der Existenz nach dem Tod, sondern um die Sichtweise, die Betrachtung und das kulturelle Verständnis von Nichts und Chaos. Es ist gerade nicht der religiöse Abyssus noch die nihilistische Nichtigung, welche es für uns, in Unabhängigkeit der persönlichen Existenz, stellt. Das Nichts ist die Mutter des Seins. Das Chaos der Vater der Ordnung.[55] Diese Art des Denkens könnte sich möglicherweise und als Randbemerkung als Weiterführung der Prozessphilosophie wie bei Whitehead und Rescher verstehen. Auf jeden Fall ist es für Iljin keine nicht zu transzendierende Transzendenz, wie dies, für Iljin interessanterweise ein russischer Philosoph, der Königsberger Kant erklärte. Das man es mit starken kulturellen Unterschieden zu tun bekommt, ob In– oder Exklusion des Nichts und des Chaos gelten liegt auf der Hand und verdeutlicht die Intention und das Anliegen dieses Plädoyers, zur erweiterten Betrachtung der vorkommunistischen Philosophie zur Verbesserung des Völkerdialoges. Wenn man diese philosophischen Tendenzen mit dem Glauben der orthodoxen Kirche und nationalistischen Tendenzen vermischt, hat man doch starke Ingredienzen mit nicht zu unterschätzenden Wechselwirkungen. Doch Vorsicht, der Russe, so Iljin, bevorzugt es, wie wir, in der Ordnung zu ‚Sein', er bewertet jedoch ontologische Abweichungen von diesem Programm, nicht als Katastrophe. Iljin zu obgenanntem komprimierend: „Er geniesst jedoch nicht die ‚Unordnung' oder ‚Zerstörung' als solche, wie manche in Westeuropa verständnislos behaupten, sondern die Intensität des Seins, die Macht und Schönheit der Naturerscheinungen, die unmittelbare Nähe der Elemente, (...), die Kontemplation des Chaos, den Einblick in den Urgrund und in den Abgrund, (...). Und noch mehr: im Chaos spürt er die Berufung zum Kosmos; in der Diskrepanz ahnt er die entstehende Harmonie und die künftige Symphonie; der finstere Abgrund lässt ihn zum göttlichen Licht emporschauen; im Masslosen und Unendlichen sucht er nach Gesetz und Form. Darum ist ihm das Chaos der Natur nicht dem Wirrwarr, oder dem Zerfall, oder dem Verderben gleich, sondern es ist ihm eine Verheissung, die erste Stufe zur hohen Einsicht, das Nahen der Offenbarung: (...). Und wer das alles nicht einsieht oder übersieht, dem bleiben russische Seele und russische Kunst in allen ihren Äusserungen in alle Ewigkeit verschlossen; er täte besser, über Russland kein Wort zu verlieren."[56] Der Ursprung, resp. die Möglichkeit diese Art ‚Lebensphilosophie' anzunehmen fusst laut Iljin im orthodoxen Glauben der Russen, der sich in der Vulgata 129 des Psalms 130 und dem lat. Ausspruch manifestiert: De profundis clamavi ad te, domine, wie Iljin übersetzt: „Im tiefsten Abgrund leuchtet Gott."[57]

[54] Vgl. Iljin, Iwan: Wesen und Eigenart der russischen Kultur, Aehren Verlag, Affoltern 1944
[55] Vgl. Iljin, Iwan: Wesen und Eigenart der russischen Kultur, Aehren Verlag, Affoltern 1944
[56] Iljin, Iwan: Wesen und Eigenart der russischen Kultur, Aehren Verlag, Affoltern 1944, S. 24
[57] L. c. S. 26

Der Glaube des Russen

„Der westliche Mensch ist Determinist, der sich zur politischen Freiheit durchgerungen hat. Der Ostchrist ist Indeterminist, der in religiöser Läuterung zur politischen Freiheit reift. Zwei Mentalitäten, zwei verschiedene Schicksale.“[58]

„Der Ostchrist glaubt, dass er zum Selbstsein, zum Selbststehen, zum Selbsthandeln, - zur Freiheit berufen ist; er kann immenses, (...) zum Gefäss Gottes werden, (...). Es möge dies alles einem historisch-kritisch aufgeklärten und theologisch gelehrten Westeuropäer noch so naiv und kindlich klingen; so ist jedoch der Geist der Ost-Orthodoxie.“[59]

„Ein russischer Schriftsteller hat das sehr klar und deutlich formuliert. Im berühmten US-amerikanischen Roman/Film ‚Vom Winde verweht‘ sagt die Hauptheldin (...): ‚Ich kann mir gar nicht vorstellen, dass ich jemals hungern würde.‘ Das war für sie so zu sagen die Hauptsache, nicht hungern zu müssen. Und in unserem Selbstbewusstsein, nach Verständnis eines russischen Menschen, haben andere Dinge die höchste Priorität. Das ist etwas fernes, nicht von hier, das mit der Seele, ja mit dem Gott zu tun hat.“[60]

Dieses Kapitel handelt primär nicht von Religion, sondern vom Glauben selbst, welcher, so Iljin, dadurch dass er dem Intellektualismus nicht so stark ausgesetzt ist, tiefer ansetzt als die Religion. Die Verrechtlichung des Glaubens im Kirchenrecht und der kirchlichen Praxis wird dennoch tangiert. Eigentliches Ziel der Darstellung Iljins ist jedoch der russische Glaube. Ein an Wichtigkeit kaum zu überbietender Einfluss, wenn man von Glauben in Russland spricht, ist die historische Dimension der Kirchentrennung, des grossen Schisma. Der Brockhaus schreibt zur Schisma: „Die vollzogene Trennung der kirchl. Einheit (Kirchenspaltung). (...). Trennung der ostkirchl. Patriarche (Konstantinopel, Alexandria, Antiochia, Jerusalem) von der lateinischen Kirche (1054).“[61] Dabei ist hervorzuheben dass es sich nicht um eine Unterteilung im Sinne von internen Verzweigungen handelt, sondern um eine gegenseitige, mit Exkommunikation begleitete Abspaltung aus bestehender Institutionalisierung. Die gegenseitige Exkommunikation, also der gegenseitige Ausschluss aus der jeweils anderen Glaubensgemeinschaft wurde im Übrigen erst 1965 aufgehoben und ein erstes grosses Treffen der beiden Oberhäupter der Kirchen fand erst dieses Jahr, nach fast eintausend Jahren, am 12.02.16 zwischen Papst Franziskus und Patriarch Kirill in Havanna Kuba statt. Für die Kontextualisierung gegenwärtiger Politik ist dieser Hinweis Iljins erneut bedeutsam. Kein Politologe würde versuchen eine Situation im Nahen Osten unter Ausschluss des islamischen Schisma zwischen Schiiten und Sunniten zu beurteilen. So muss in der russischen Aussenpolitik stets nach solchen Verbindungen Ausschau gehalten werden um das Verständnis möglichst zu erweitern. Wirft man nämlich auf irgendeiner zur Verfügung stehenden geographischen Karte einen Blick hinsichtlich dieser Kirchenspaltung ist auffallend, dass die grösste Kongruente Fläche an Überschneidung zwischen der orthodoxen

[58] L. c. S. 84
[59] L. c. S. 84
[60] Putin, Wladimir: Interview für Russia Today RT, Juli 2013, URL: https://www.youtube.com/watch?v=qrx5DCkvixA, Zugriff: August 2016, 0:28-0:41
[61] Zwahr, Anette (Redaktionelle Leitung): Der Brockhaus, F.A. Brockhaus, Leipzig 1996, S. 657 Band IV

und der römisch-katholischen Kirche auf das heutige Staatsgebiet der Ukraine fällt. Man verbinde diesen Fakt mit obgenanntem Zitat. Die orthodoxe Kirche ist nicht einfach, wie man es als Laie oft auffasst, dieselbe Kirche nur mit abgeänderten Riten, Ikonen und Gebräuchen. Wie Iljin bestätigt herrscht im Osten die Sicht: „(...), dass im genannten Jahr 1054 die Katholiken sich von der einen, heiligen, katholischen und apostolischen Kirche abgespaltet hatten und dass der Papst und seine Kirche die Gemeinschaft der Rechtgläubigkeit verlassen hatten."[62] Das muss man sich einmal in ein tieferes Bewusstsein setzen. Für die Entfremdung zwischen Konstantinopel und Rom sorgte zuerst die Ernennung der Stadt am Bosporus zur zweitwichtigsten nach Rom, durch Kaiser Konstantin, sowie die kirchenrechtlichen und kirchenpolitischen Entwicklungen in Zusammenhängen der Beschlüsse des zweiten und vierten ökumenischen Konzils, also 381 und 451. Ein solcher Beschluss war, dass der Bischof Konstantinopels ein Ehrenprimat und damit gegenüber Rom äquivalente Rechte und Privilegien erhielt.[63] Groen macht vier Elemente verantwortlich: Der Juridische Anspruch der römischen Kirche, die Streitigkeiten zur Dreifaltigkeit, hier denke ich insbesondere an die sogenannte ‚Filioque', dann die Nordausrichtung Roms nach der erfolgreichen Christianisierung der Franken und Angelsachsen und zuletzt die Streitigkeiten zur Ikonenverehrung und die offizielle byzantinische Reichspolitik diese zu verweigern, ja gar gegen eine fortsetzende Ikonisierung zerstörerisch vorzugehen.[64] Dazu kann man die Krönung des Frankenkönigs Karl, das gegenseitige Missionarsverbot sowie die Aufhebung der Sakramentseigenschaften seitens der römischen Kirche zählen. Groen schreibt machiavellistisch, dass trotz allen ökumenischen Gemeinsamkeiten dennoch ein jeweils Anderer, aus Sicht der orthodoxen Kirche ein Römer und vice versa, an der Spitze zu stehen versuchte, und es sich somit auch um die Religion eines Anderen, eines potentiell feindlichen Eroberers handelte.[65] Das hier vom Kiewer Fürstentum durch die Geschichte bis zur Russischen Föderation getragene ‚wahre Christentum' entsteht durch die Persistenz mit welcher man sich gegen Einflusssphären des Islams aus dem osmanischen Reich und den Lateinern und ihrem Papst aus dem Westen als byzantinische Christen erfolgreich durchsetzt. So entsteht nach 1428 auf den Untergang Konstantinopel, dem sogenannten zweiten Rom, die Auffassung, man sei das direkte Erbe der wahrhaftigen Kirche, man sei: „(...) nach dem Glaubensfall des ersten Rom und nach dem Scheitern des zweiten Rom, das wahre, dritte Rom."[66] Dieser Gedanke des dritten Rom ist laut Iljin stark verbreitet, gerade bei den heutigen Moskowitern. Wenn Kiew die Sicherung der russischen Staatsreligion sowie der Fackelträger des dritten Roms, Moskau, stellt, erscheinen Elemente wie das entblösste verschmieren von Fäkalien in eine der Hauptkirchen Moskaus durch die ‚Pussy Riots' sowie die Besetzung des Maidan durch nihilistische und nationalsozialistische Gruppierungen wie der OUN unter einem anderen Verständnis. Ganz in der Argumentationstradition Iljins sind die vielen Auseinandersetzungen zum Erhalt des Glaubens unter historischem Rückgriff eine Art Katalysator für einen soteriologischen Exklusivismus. Groen führt diesen Punkt von der

[62] Groen, Bert: Die Spannung zwischen der Römisch-Katholischen Kirche und der Orthodoxen Kirche, Vortrag für Pro Oriente, Sektion Graz, am 24. März 2004, S. 1

[63] Vgl. L. c.

[64] Vgl. L. c.

[65] Vgl. Groen, Bert: Die Spannung zwischen der Römisch-Katholischen Kirche und der Orthodoxen Kirche, Vortrag für Pro Oriente, Sektion Graz, am 24. März 2004

[66] Vgl. L. c.

Einzelbetrachtung in ein Muster über: „Nach Meinung vieler Intellektueller und Geistlicher, übrigens sowohl Nicht-Orthodoxer als auch Orthodoxer, ist für die Gebiete, wo die Orthodoxie schon seit Jahrhunderten die wichtigste Religion ist, die enge Beziehung zwischen der Orthodoxie und dem Vaterland, zwischen dem religiösen und dem nationalen Element bezeichnend. Man dürfte sagen, dass in den orthodoxen Ländern die Religion das nationale Element sakralisiert und das nationale Element die Religion ethnisiert. (...). Diese Ideologie bestimmt übrigens auch, wer die Feinde der Nation und der Orthodoxie sind; (...)."[67] Das genannte ist zu bedenken sowie die mit Russland, durch das kommunistische Erbe, verbundene Säkularisierung. Nun ist besser verständlich wenn Iljin dem Westen stets nur unorthodoxe, hier als Redewendung gemeint, Zugänge zuspricht. Der Orthodoxe, jetzt nicht als Redewendung, kann nicht unorthodox denken, sein, leben und dementsprechend, in einen realpragmatischen Kontext transferiert, unorthodoxe Aussenpolitik betreiben. Zu weiteren Ausführungen Iljins zum russischen Glauben.

„Der Weg der Orthodoxie (...): zuerst lieben, in Liebe schauen, dann wollen. (...). Der russisch-orthodoxe religiöse Akt lehnt auch das Denken gar nicht ab. Aber das Denken kann den Glauben nicht erzeugen. (...). Das Denken ohne Herzensschau ist nicht viel mehr als bodenloses Konstruieren; (...), aber alles auf diese Weise ersonnene bleibt leer und tot, (...), Luftschloss- Abstraktion."[68]

Man findet im ganzen Werk Iljins, meiner Meinung nach, keine Steigerung, kein Superlativ an Konkretheit, welches das folgende Zitat übersteigen würde: „Also: zuerst lieben, dann mit der Liebe zusammen und aus der Liebe schauen, dann willensmässig und entsprechend handeln, und dann erst das Geliebte, Erfahrene, Erlebte vernünftig denken."[69] Es geht folglich weniger um System als um Praxis. Das Werden ist primär gegenüber dem Denken, mystische Kontemplation im Sinne des Wortes ‚theosis' und ‚theopoihsis' sind zentral.[70] Dazu folgen im nächsten Exkurs wichtige Einsichten. Ein nachdenklich stimmendes Zitat: „Der ost-orthodoxe Christ glaubt an die Möglichkeit, (...), Gottes Wohnstätte zu werden; er glaubt an die Verwirklichung des Gottmenschen im Menschen, (...)."[71] Der gegenwärtige Westen verbindet solche Denkweisen in Anbetracht der Unruhen im Nahen Osten mit einem Gefühl der Verunsicherung. Ein weiterer Aspekt der sich eng mit dem Glauben verbindet, ist die im Westen als Romantik bezeichnete Philosophieausrichtung, also hier, wo Denken eine Art Gefühl ist, wie dies von Hölderlin, Schlegel, Hegel, Schelling usw. präsentiert wurden. Dieser grosse Versuch der Weltentzauberung durch Wissen entgegenzutreten, diese ‚Sturm und Drang' Phase unter sehnsüchtig-sentimentaler innerlichen Weite, wie sie einst vom Theologen Herder auf seiner Schiffsreise beschrieben worden war. Man kämpft gegen das mechanische Prinzip einer perfekten Uhr wie es de la Mettrie beschrieb, man kämpft gegen den Tod des Pan, gegen das entpersonalisierende der Schriften von Descartes und Berkeley.[72] „Ausdifferenzierung bedeutet Trennung, Unterscheidung und Spaltung, und

---

[67] L. c. S. 7
[68] Iljin, Iwan: Wesen und Eigenart der russischen Kultur, Aehren Verlag, Affoltern 1944, S. 79
[69] Vgl. L. c.
[70] Vgl. L. c.
[71] L. c. S. 83
[72] Vgl. Reotz, Michael: Denken als Gefühl, 04.05.2014, URL: https://www.youtube.com/watch?v=1U_cs1hnxql, Zugriff: Juli 2016

genau das geschieht gegen Ende des 18. Jahrhundert. (...). Spiritualität wird unter dem Eindruck der aufklärerischen Philosophie (...) denunziert. Die Romantiker diagnostizieren einen Riss der mitten durch die Welt und die Herzen geht. (...). In einer Welt aus der Gott, das Wunderbare und das Staunen zugunsten einer Mentalität verschwinden werden, die alles erklären zu können glaubt."[73] Iljin dazu: „Das lähmende Gift des so furchtbar klugen und dünkelhaften Determinismus hat die russische Seele nicht zerfressen. Die natürliche und geistige Vitalität des Russen ist zu gross, um sich dieser intellektualistischen Allwisserei zu beugen. (...). Nie wird es gelingen, dem orthodoxen Russen die westeuropäisch geläufige Lehre über das ‚Nicht – Sein' des selbstständigen menschlichen Individuums vor Gottes Antlitz beizubringen."[74] In obgenanntem Zitat kommen die einzelnen Stücke von Glauben, auserwähltem Volk, Antiintellektualismus, des Nichts und Chaos und dem Volkscharakter des Russen nach Iljin allmählich zu einem Mosaik zusammen. Der Glaube ist hier, so Iljin, noch an eine Mystik des Metaphysischen gekoppelt. Ein solcher Glaube hat in einem rational-szientistischem Weltbild keine Luft zum Atmen. Das zeigt sich auch in der breitwilligen Annahme des Leids, welches dem russischen Volk durch die Geschichte hindurch immer wieder angetan wurde. Iljin zu dieser Verbindung: „Im Leiden betritt der Mensch den Weg seines Heilands und das ist eben der Weg zum wahren Siege, so glaubt der Russe und findet in seiner Geschichte eine fortwährende Bestätigung dieses Glaubens."[75] Hier werden nun Verbindungen zwischen der MSA deutlich und gehen ineinander ein. Je mehr man Iljin liest, so viel steht fest, fällt einem auf wie Kongruent seine Philosophie doch in vielen Bereichen, gerade auch mit der angesprochenen Vermischung von Theologie, Philosophie und Literatur mit der kulturhistorischen Epoche der Romantik aufweist.

„So ist der nüchterne Wille (ganz besonders der Wille zur Macht) sowie auch der berechnende analytische Zweckmässigkeits-Verstand bei den alten Römern leitend und massgebend gewesen, und das christliche Rom hat dieses Erbe übernommen. So ist die plastische Einbildung, die Freiheitsliebe und die schlaue Unternehmungslust ursprünglich und massgebend für das alte Griechenland; und die modernen Griechen (...). So war die schwärmerische, spekulative Phantasie und die Versinnlichung der geschauten Inhalte ursprünglich und massgeblich für den asiatischen Hindu usw. Die russische Seele aber ist vor allem das Kind des Gefühls und der Anschauung. Ihr kulturschöpferischer Akt ist Herzensschau und religiöser Gewissenstrieb."[76]

Diese Romantik zeigt sich auch im Versuch Iljins die obgenannten Elemente auf eine Besonderheit des russischen Glaubens zurückzuführen. Das Herz des russischen Glauben ist nach Iljin eben einfach ‚das Herz'. *Iljin:* „Wenn ich nun das schlichte und lebendige Wort ‚Herz' ausspreche, so erwähne ich damit den besten und sichersten Massstab für die russische Seele und für die russische Kultur; denn der Russe lebt im Zeichen seines Herzens, (...). Jedenfalls ist er ohne sein ‚Gefühls-Sensorium' nicht zu erfassen und nicht zu verstehen."[77] Wenn nun der Westeuropäer hier anmerken würde, dass ein muskuläres

---

[73] L. c. 08.24
[74] Iljin, Iwan: Wesen und Eigenart der russischen Kultur, Aehren Verlag, Affoltern 1944, S. 84
[75] L. c. S. 88
[76] Iljin, Iwan: Wesen und Eigenart der russischen Kultur, Aehren Verlag, Affoltern 1944, S. 60-61
[77] L. c. S. 45

Hohlorgan, mit unterschiedlichem Vorkommen bei diversen Tiergattungen, und der Eigenschaft durch rhythmische Kontraktion Blut durch den Köper eben jener Tiere zu pumpen; mit einer Eigenschaftseingrenzung einer Ethnie der indoeuropäischen Sprachgruppe zu tun habe, ist unmittelbar verständlich was Iljin gerade ablehnt. Mit ‚Herz' ist nach meiner Exegese und Interpretation folgendes gemeint, das ich in meinen Worten wiedergeben muss. Wenn eine Situation betrachtet wird, ist man sich im Sinne der Transzendentalphilosophie Kants implizit bewusst, dass die Sicht der Dinge an Bedingungen der Möglichkeit der Wahrnehmung gebunden sind, wir also stets nur das Erscheinende und nicht ‚das Ding an sich' zu sehen bekommen. Daran orientiert sich eine Grundskepsis in der möglichen Unterscheidung zwischen Sein und Schein, die sich entweder in einem radikalisierten Skeptizismus, wie ihn der cartesianische Zweifel vorlebt entfaltet oder in einer Art universeller Fallibilität, wie es die pyrrhonische Skepsis deutet. Der feine aber grosse Unterschied ist jener, dass man bei erster Form der Skepsis durch die Suche eines unverrückbaren Bodens, wie im ‚cogito ergo sum', aus der Skepsis hinaus will. Bei der pyrrhonischen Form der Skepsis hingegen will man, unter der Prämisse dass Sein und Schein notwendig nicht kongruent sind, in die Skepsis hinein, resp. in dieser verbleiben. Sie bietet dann einfach ein Mittel, nicht weniger und nicht mehr. Die Orientierung des Menschen hingegen folgt der Intuition. Die Intuitionsphilosophie ist jedoch, dies als Anmerkung, eine kleinere Menge als Iljins ‚Herz'. Es erinnert hier an die Aussage, dass jeder von uns die Zeitbedeutung versteht, bis er sie erklären muss. In gewisser Weise geht das in bestimmten Bereichen in eine konservative Vorstellung und Ausrichtung einer Rückführung in einen Zustand vor jeglicher Gesellschaftsvertraglichkeit über. Das passt nicht nur sehr gut zu Iljin, sondern gerade auch zu Putin und einigen gegenwärtigen Tendenzen in Russland. Es ist aber oft im Sinne eines Common Sense verstanden und nicht zwingend in einer Wiederherstellung einer alten Ordnung, doch wenn der Präsident dieses Werk in der Duma verteilt und man sich politisch über weite Teile in die Monarchie des Zarentums zurückversetzt fühlt, dann versteht man ebenfalls die Besorgnis der Progressivisten im In– und Ausland. Die hier bearbeitete Schrift geht eindeutig in einen Bereich in welchem herrschende Vereinbarungen revisiert und möglicherweise revidiert werden und dies unter Rückgriff auf schwer zu greifende Elemente wie Gefühl, Herz, Glauben usw. was ja nun wirklich gar keine Kompatibilität mit Aussenpolitik aufweist, richtig? Vielleicht muss man vermehrt die Werke von Schukowski, Gogol und ganz besonders Puschkin, auf welchen Iljin sich sehr stark bezieht, den Werken von Breschnew, Jelzin, Lawrow usw. vorziehen um die Annäherung an Russland, wenn man sie denn will, zu erleichtern. Wie Iljin schreibt: „Ich brauche die russische Seele durchaus nicht zu idealisieren: was sie hat, das hat sie eben; (...). Diese Eigenart hat sich der Russe selbst – mit Puschkin, Chomjakow und Dostojewsky, – zum Bewusstsein gebracht; und jetzt ist die Zeit gekommen, sich zu dieser Eigenart vor ganz Westeuropa zu bekennen."[78]

[78] Iljin, Iwan: Wesen und Eigenart der russischen Kultur, Aehren Verlag, Affoltern 1944, S. 60

Exkurs II: Die Ablehnung des Intellektualismus

„Die Russen wollen und brauchen (...) keine philosophische Systematik, keine strenge Terminologie, keine Logik und auch keine Metaphysik, sie erwarten nur einfach Antwort auf die Frage: Wozu lebe ich auf dieser Welt?“[79]

„De profundis clamavi ad te, domine“[80]

„Ein kluger Mensch wird in Russland geachtet; dem willensstarken beugt man sich; der phantasievolle wird bewundert; aber geliebt wird der Herzensmensch, und ist er dazu noch Gewissensmensch, so wird er über alles geschätzt, als etwas Heiliges, oder, wie der Russe das empfindet, als ein Gefäss Gottes. (...).Man verachtet diejenigen, die altklug und nüchtern, ehrgeizig und prinzipienlos ‚Karriere' machen wollen.“[81]

Dieser zweite Exkurs ist eine wichtige Ergänzung zu den Ausführungen Iljins zum Glauben und des obgenannten ‚Herzens' indem hier gerade, im Sinne Iljins Methodik, der Fokus auf das Gegenteil gerichtet wird, der ‚reinen' Vernunft. Dies folgt der Aussage des Primates des Gefühls gegenüber der Vernunft, ganz im Sinne der europäischen Romantik. Das Wichtigste zuerst, um ein mögliches Missverständnis gleich auszuräumen. Iljin spricht selbstverständlich dem russischen Volk keine Vernunftseigenschaften ab, dass wäre absurd. Die Sicht geht, deshalb dieser Exkurs, weniger vom Russen aus, sondern von der Betrachtung des Westens, resp. der dort zum Einsatz kommenden Art und Weise der Vernunft. Dabei vollziehe ich ‚nichts Neues unter altem Himmel' sondern erinnere nur an eine gewisse uns allen wohlbekannte Tendenz von welchem Iljin ‚seinen Russen' abzutrennen resp. Dichotom dagegenzustellen versucht.

Das europäisch-kant'sche ‚sapere aude' ist bei Iljin keine Folge, sondern Ursache. Es ist nach Iljin nicht aus reiner Vernunft extrahierbar, sondern wiederum zurückzuführen und erst hierdurch zu vollziehen, auf eine Art ethisches Gefühl. Folgende Ausführung: Die Jurisprudenz findet ihren Ausgangspunkt in kulturellen Sitten, ethisch-moralischen Orientierungen einer Gesellschaft, sie ist nicht autonom sondern immer an das Gefühlssensorium der beteiligten Individuen und Kollektive gebunden. Einen anderen Menschen zu verletzen wird erst unter gewissen Bedingungen zum rechtsordentlichen Tatbestand welcher genauso wie er, z. B. in kriegerischen Auseinandersetzungen seine Wirkung kurzfristig verliert. Die, hier, Rechtvernunft ist demnach eine Konsequenz aus einem menschlichen Bedürfnis, resp. bei Iljin eines menschlichen Gefühls. Ist man sich, in einem ganz ähnlichen Sinne wie beim ersten Exkurs, diese Bedingung der Möglichkeit von Gesetzen bewusst, findet unmittelbar eine Rückbesinnung auf die Ausschlaggebenden Gefühle statt. Ohne ‚Gefühl', kein Gesetz, keine Vernunft. Diese Argumentationslogik bleibt in allen Bereichen die Selbe. Es gibt sehr divergierende kulturelle ‚Empfindungen' von Gerechtigkeit, deshalb gibt es Versuche wie die Menschenrechtskonvention, welche den mutigen Versuch wagen, diese Gefühle zu universalisieren und zu verrechtlichen. Wie immer bei einer

[79] Feuilleton (Hrsg.): Russische Philosophie im ersten postsowjetischen Jahrzehnt, Neue Zürcher Zeitung Archiv, veröffentlicht am: 17.08.2002, S. 2

[80] Iljin, Iwan: Wesen und Eigenart der russischen Kultur, Aehren Verlag, Affoltern 1944, S. 26

[81] L. c. S. 46

Generalisierung, bleiben dabei präzise Einzelbetrachtungen vorne aus. Was hier von Iljin kritisiert wird, resp. vom russischen Volk abgelehnt wird, ist die Trennung der Ursache von der Wirkung zugunsten Letzterer. Als noch viel schlimmer wird dieser Vorgang empfunden, wenn er bewusst durchgeführt wird. Das russische Volk kann, dies der Gedanke Iljins, ohne äusseren Zwang keine vom Grund befreite Vernunft einsetzen, das ist ihm fremd.[82] Historisch erfuhren die ‚Gefühle' im Westen gegenüber der Ratio eine konstante Abwertung. Es gibt eine ganze Fülle von Exempel, man denke an die Zuschreibung ‚schwaches Geschlecht' oder die Behandlung der ‚Kriegszitterer' des ersten Weltkrieges usw. Dieser obgenannten Zuteilung, diesem kafkaesken Vernunfteinsatz, stellt Iljin, so kontradiktionär das zu Beginn klingt, eine Gefühlsdurchdrängte Vernunft entgegen. Nun, wir wissen exakt was damit gemeint ist, jeder im Westen kennt Beispiele, ganz sicher aus dem Versicherungsgesetz, in welchen sich die Vernunft verselbstständigt und sich von jeglichem Common Sense, jedem Gefühl verabschiedet. Wehe dem oder derjenigen die versuchen solchen Angelegenheiten auf den Grund zu gehen. Iljin bemerkt dass ein solcher Intellektualismus bereits die westliche Kirche infiltriert habe. Ich denke hierbei an die Gottesbeweise der Scholastik, wie z. B. von Anselm oder Aquin. Ein solcher Einsatz der Vernunft innerhalb des Glaubens ist für Iljin reine Absurdität und nicht mit der orthodoxen Kirche zu verbinden. Der Begriff welcher Iljin einsetzt für einen Zweckeigenen und entfremdenden Einsatz der Vernunft ist, ganz im Sinne der Universalisierung und Dogmatisierung eines jeden -Ismus, der ‚Intellektualismus'. Dabei geht Iljin gegen den Intellektualismus stärker vor als die Teilmengenkritik der Frankfurter Schule, wie z. B. in ‚Dialektik der Aufklärung'. Nicht das Einzelne, vernünftige Handlungen, im Kollektiv unvernünftig sein können, wie im Wettrüsten oder an der Börse, sondern eine Ablehnung der strategischen Verselbstständigung der Vernunft, wie sie z. T. heute im radikalen Rationalismus, dem Szientismus und der Transhumanistischen Forschung betrieben wird. Iljin würde vermutlich zur westlichen KI Forschung die Frage stellen ob die KI Forschung aus Sicht der menschlichen Intelligenz sinnvoll ist und wenn nicht, jegliche Forschungsprogramme stoppen, entgegen dem Silicon Valley und dem MIT, dass seit 30 Jahren erfolglos in diesem Forschungszweig forscht. Ich erläutere an einem rein logischen Exempel an welchem sich Iljin stösst. Eine logisch korrekte Schlussfolgerung von Prämisse auf Konklusion ist z. B. P1: Jeder Mensch mit zwei Nasen ist ein Alien. P2: Jedes Alien ist unsterblich. K: Jeder Mensch mit zwei Nasen ist unsterblich. Ganz einfach. Die Prämissen sind jedoch nicht sinnvoll, warum das logische Argument zwar formal korrekt ist, jedoch nicht schlüssig. Genau die Frage der Prämissen ist für Iljin und dem gegenwärtigen Präsidenten Putin jedoch ein unumgängliches Essential. Das zeigt sich in ausschliesslich allen von mir gesichteten Reden Putins, dass die Prämissen zuerst einer Prüfung unterzogen werden, bevor damit weiter gearbeitet wird. Das ist die generelle Ablehnung Iljins. Konkret sind zwei Subelemente Iljin ein Dorn im Auge. Einmal der erwähnte bewusst eingesetzte und interessenorientierte Einsatz der Vernunft. Dann die Vernunftseigenschaft der Exkludierung, resp. der begrenzten Menge. Diese Punkte hängen, gerade in der Realpolitik, vielfach zusammen, indem die Prämisse bei einem gewissen Vernunftsgebrauch festgelegt wird nur

[82] Vgl. Iljin

um dann, in den Worten des Präsidenten Bush Jr. eine Exkludierung im Sinne von ‚you are either with us, or against us' zu vollziehen. Als man Putin zu der Frage der westlichen Vernunft befragte, entschloss er sich zu folgender Anekdote, die in englischer Übersetzung vorliegt.

„A man came to Lubyanka[83]and says: I am a spy – I want to give up. He's told: whose spy are you? American. Well then, go to the fifth room. He went to the fift room. I am an American spy – I want to give up. Do you have any weapon? Yes, I have. To the seventh please. He came to the seventh room. I m a spy, I want to give up, I have a weapon. To the tenth. He came to the tenth room. I'm a spy. I want to give up. Do you have any communivation tools? Yes, I have. Go to the twentieth. He came. I'm a spy, I have a weapon, communication tools – I want to give up. He's told: Do you have any mission? Yes, I have. Go on with it! Stop interrupting peoples work!"[84]

Zuerst zum strategischen Einsatz der Vernunft. Grenzen sind, in Abhängigkeit der Möglichkeiten, wählbar, besonders in der Naturphilosophie. Jeglicher Regress einer gezogenen Grenze führt schlussendlich in die Metaphysik. Der Atomist kann auf Molekular – oder Elektronenebene arbeiten usw. Neben den gebundenen Möglichkeiten der menschlichen Sinne oder deren Erweiterung durch die Technik, ist die Verifizierung eines Beobachtungspunktes oder Standpunktes ein zu wählender und argumentativ zu belegender der, dass ist essenziell, keinen Abschluss finden kann, wie der Logiker Frege und Andere zeigten. Nennt man z. B. ein Element des Periodensystems muss man definieren was Element, Periodensystem usw. ist. Dann wird man etwas zur Ordnungszahl und zur Periode sagen müssen usw. ad infinitum. Man kommt nicht, mit Wittgenstein, aus der Sprache heraus und ist immer auf präzisierendere Begriffe angewiesen die sich wiederum nur mit Begriffen vollziehen lassen, ad infinitum. Mit Frege gesagt muss auch der strengste Logiker an einem Punkt zu Metaphern greifen. Langes Schreiben kurzer Sinn; die Weltsicht wird notwendig durch Begriffe artikuliert und durch Vernunftsargumente zementiert. Wenn nun bewusst eine Vernunft zum Einsatz kommt, die auf ein persönlich gesetztes Ziel ausgerichtet ist und hierfür die Begrifflichkeiten in diesem Sinne taktisch transformiert, handelt es sich um, so Iljin, Missbrauch der Vernunft. Es ist diese Art kafkaesk bewusst-manipulativer Einsatz von Begriffen die etwas an die altklugen Spielchen erinnern, wenn einem die Mutter als Kind sagte man solle bei Eindunkeln nach Hause kommen und man mit der Argumentation ‚das es de facto durch die Strassenlampen nie wirklich dunkel gewesen sei' bis in die Morgenstunden dem Heime fern bleibt. Auf diese Weise wurde etymologisch über die Jahre aus ‚Shellshock' das ‚Battle Fatigue' und schliesslich das ‚PTSD', alles mit dem Sinn und Zweck die Renten der Veteranenzu kürzen. Auf diese Weise spricht man von Menschenrechtskonventionsverletzung wenn das Sprengsatzmaterial von Bomben sich aus einem Naphtha Gemisch und nicht Trinitroluenen zusammensetzt. Hier gibt es plötzlich erscheinende ‚good Wars' und ‚chirurgische Kriegsführungen' und in der offiziellen US Sprache wird der Begriff ‚Cripple' verboten und durch den grotesken Ausdruck ‚differently

[83] KGB Hauptgebäude

[84] Putin, Wladimir: Interview für Russia Today RT, Zusammenschnitt 15.08.2016, URL: https://www.youtube.com/watch?v=WhZOi2y75SM, Zugriff: August 201, 2.55

abled' ersetzt. Dahinter liegt die Idee, dass man durch die Veränderung des Begriffes die Konditionen selbst ändert, ein Kategorienfehlschluss dem Iljin unterstellt dass er vom Westen bewusst vollzogen wird. In der Realpolitik versteht Putin diese Begriffsveränderungen sehr wohl. Wenn trotz Veto im Jugoslawienkrieg die Freiheitskämpfer für die Unabhängigkeit des Kosovo zu unterstützenden Kombattanten stellten, sind es auf der Krim Terrorristen die als Usurpator eine Annexion als Separatisten durch kriegerische Mittel erwirken. Putin fragt: „Warum soll das was den Kosovo Albaner international erlaubt wurde den Krim Russen und Tataren verwehrt bleiben? (...). Worin besteht den der Sonderfall im Kosovo? Das sind schon nicht mehr Doppelstandart das ist ein direkter Zynismus."[85] Das offizielle NATO Paper zur Angelegenheit antwortet prompt in der Stellungnahme: „Allerdings brachte der Gerichtshof deutlich zum Ausdruck, dass sein Gutachten keinen Präzedenzfall darstelle.(...). Darüber hinaus hat der Prozess, der zur Unabhängigkeitserklärung Kosovos geführt hat, mehrere Jahre gedauert und einen umfangreichen Prozess unter Führung der Vereinten Nationen beinhaltet."[86] Wenn man die Wahlen unter der KFOR/NATO betrachtet sowie die divergierenden kriegerischen Aktivitäten der im Vergleich beteiligten Staaten, scheint die Angelegenheit vernebelt, nicht nur weil ein Volksentscheides an die OSZE gebunden wird sondern weil bis heute ein Kontingent von bis zu 8500 Soldaten der Bundeswehr und 250 neutralen Schweizer Soldaten usw. nach UN Res 1244 im Balkan stationiert sind. Es gibt viele solche Exempel: Luftbrücke gegen Luftraumbesetzung, Regierungsunterstützung gegen Regimesupport, Interessenwahrung gegen Imperiale Usurpation, Oppositionelle gegen Kombattanten, Freiheitskämpfer gegen Terroristen, die Liste liesse sich, mit Blick auf und in die grössten Tageszeitungen der BRD und der CH, endlos fortsetzen. Der Teufel liegt eben im Detail. Hand aufs Herz, wer hat den nun wirklich den Art. 4 Abs. 2[87] des EU Ratifizierungsabkommen zum Assoziierungsabkommen zwischen der EU und der Ukraine gelesen, über welchen sich Putin bei Janukowytsch in einem langen Telefonat ausgelassen hatte. Erst wirklich interessant und fantasievoll werden die Begriffsexplorationen und Ausdehnungen beim Begriff der Demokratie, doch das eigentlich zentrale ist, wie es Herr Bahr im philosophischen Quartett auf die Frage Safranskis, ob Russland politisch und ideell gegenüber der UdSSR unheimlicher, unberechenbarer sei, aussprach: „Dieses Unglück ist über das Land gekommen durch Herr Jelzin. Herr Jelzin hat nämlich das Land zur Demokratie deklariert. (...). Und der Westen ist so dumm oder so raffiniert gewesen dies zu glauben und misst nun Russland immer an diesem Kriterium Demokratie und das ist falsch. Russland ist keine Demokratie. (...). Das klügste in diesem Zusammenhang, (...), Russland muss sich nach seinen Traditionen entwickeln und zur russischen Tradition gehört nun mal nicht die Demokratie."[88] Das ist in einer immer stärker unipolaren Weltordnung einfacher gesagt als vollzogen, gerade wenn man sich die

---

[85] Putin, Wladimir: Interview für Russia Today RT, Zusammenschnitt 15.08.2016, URL: https://www.youtube.com/watch?v=WhZOi2y75SM, Zugriff: August 2016, 13.20

[86] NATO Paper zu: Russlands Anschuldigungen – Eine Korrektur, URL: http://www.nato.int/nato_static/assets/pdf/pdf_2014_04/20140523_140411-fact_sheet_Russia-ger.pdf, Zugriff: September 2016

[87] Ratifizierungsabkommen, URL: https://www.wko.at/Content.Node/service/aussenwirtschaft/fhp/Handelsabkommen/Assoziierungsabkommen_EU-Ukraine_-_ABl_L_161_vom_140529_neu.pdf, Zugriff: August 2016

[88] Das Philosophische Quartett: ‚Putins Russland', Ausgestrahlt auf 3sat am 26.11.2006, URL: https://www.youtube.com/watch?v=kOOKKQBAykI, Zugriff: August/September 2016, 08.30

Kongruenzen der Demokratie und der Marktwirtschaft ins Denken ruft. In einem sind sich Boris Groys, einer der wichtigsten geisteswissenschaftlichen Theoretiker des 20. Jahrhunderts und der im letzten Jahr im August verstorbenen Mitgestalter der Ostdeutschland Politik Willy Brandt, ehemaliger Bundesminister für wirtschaftliche Zusammenarbeit und SPD Spitzenpolitiker Egon Bahr, einig; der Wandel von der sozialistischen UdSSR zur Russischen Föderation war nicht in erster Linie ein politischer Übergang von der Diktatur zur Demokratie oder vom Vielvölkerstaat zum Nationalstaat, sondern ein Wandel vom Sozialismus zum Kapitalismus.[89] Ebenso stimmen die beiden Gäste ein: „Wo nehmen wir eigentlich die Arroganz her das unsere Demokratie, die ich mit all ihren Schwächen liebe, für die ganze Welt entscheidend sein soll. Könnte es denn nicht sein das eine Mehrheit in einem Volke sagt: ‚Ich möchte nicht demokratisch sein'. Müssen wir das dann nicht anerkennen als Demokraten?"[90] Zentral ist die Ansicht dass Intellektualismus für Iljin, gerade unter dem bewusst-gesteuertem Einsatz von zentralen Begriffen, immer ein gefährliches Potential inhärieren und historisch dazu neigen den Einzelfall zum Gesetz zu erheben. Die Geschichte ist voller momentaner ideologischer Sicherheiten und getränkt in Begriffen wie: Freiheit, Reinheit, Standard, Wahrheit usw.

„Der richtige Punkt ist mir klar geworden, als ich während der Jelzin Zeit in Moskau war und die Leute gefragt habe ‚was verbinden sie mit Demokratie?' war die Antwort ‚Korruption, Verbrechen und Not' das war nicht unsere Erwartung, (...). Und sie setzten hinzu: ‚hoffentlich geht es uns noch einmal so gut wie es uns unter breschniev gegangen ist'."[91]

Nun noch kurz zum angedeuteten zweiten Punkt der Exkludierungsfunktion der Vernunft. Hier schreibt Iljin: „Der Intellektualismus ist aber etwas ganz anderes; er bedeutet grundsätzlich Souveränität oder gar Monopol des abstrakten, bald mehr logischen, bald mehr sinnlich-empirischen Denkens, ohne Herz und Schau."[92] Das von uns im Westen so geschätzte und, so die Meinung, hart umkämpfte und erarbeitete, Vernunftdenken führt, so Iljin an Nietzsche anknüpfend, nicht nur in den Nihilismus: „(...), sondern empört den Menschen und schafft ihm unüberwindliche Widerstände, sei es im obligatorisches Christentum oder obligatorischem Marxismus."[93] Die Problematik ist an den ersten Teil gebunden das eine Ideologie in der politischen Manifestierung, stets gegen aussen, gegen Andersdenkende zum Einsatz kommt. Iljin: „Sie glauben an das, was sie zu begreifen wähnen, und lehnen das übrige ab. Damit verlieren sie immer mehr die lebendige Beziehung zu den verborgenen, irrationalen Tiefen des menschlichen Geistes und begnügen sich mit einer Verstandes-Kultur, welche ihnen die höchste und beste, die einzig wahre Kultur zu sein scheint. Alles Übrige halten sie für Primitivität oder gar Barbarei."[94]

---

[89] Vgl. L. c.
[90] L. c. 46.00
[91] Das Philosophische Quartett: ‚Putins Russland', Ausgestrahlt auf 3sat am 26.11.2006, URL: https://www.youtube.com/watch?v=kOOKKQBAykI, Zugriff: August/September 2016, 09.36
[92] Iljin, Iwan: Wesen und Eigenart der russischen Kultur, Aehren Verlag, Affoltern 1944, S. 73
[93] L. c. S. 74
[94] L. c. S. 68

Resümee und Schlussüberlegungen

„Philosophie ist aus dem Staunen geboren, wie Plato sagte, und Verwundertsein ist noch immer das charakteristischste Merkmal der Philosophie. Die Philosophie stellt ständig neue Fragen, ohne die alten ein für alle Mal abzuschliessen. Jede sogenannte Lösung eines philosophischen Problems verlangt, dass wir gewisse philosophische Annahmen akzeptieren; sie besteht aus der Formulierung einer philosophischen Theorie. Es mag sein, dass einem die betreffenden Annahmen gefallen, aber es muss nicht so sein: Sie können hinterfragt werden und zu neuen Problemen, somit zu neuen philosophischen Theorien führen. Die Erbringung von Lösungsvorschlägen, die Kritik der diesen Vorschlägen zugrundeliegenden Annahmen und die Beibringung alternativer Lösungsvorschläge ist die Essenz philosophischer Tätigkeit.“[95]

„Als Willy Brand und Egon Bahr 1989 nach Moskau eingeladen wurden, um für ihre Ost-Politik die Ehrendoktorwürde der Lomonossow-Universität entgegen zu nehmen, stellte Brandt dem damaligen Präsidenten der im Zerfall befindlichen UdSSR, Michail Gorbatschow, die Frage, was dieser sich für die Zukunft vom Westen wünschen würde. Gorbatschow, ohne den es die Wiedervereinigung Deutschlands nicht gegeben hätte, antwortete kurz und auf den Punkt: Verständnis.“[96]

„We have an anecdote. Pessimist and optimist. Pessimist drinks some brandy, become wrinkled and says: it smells like bugs. Optimist catches the bug on the wall, smashes it, sniffs it and says: it smells like brandy. (...). I'd rather be a pessimist who drinks brendy, than an optimist who sniffing bugs.“[97]

Man ist, gerade in diesem Breitengrad und gegenwärtigen Kultur, dazu angehalten, Resultate nicht nur zu erfassen sondern kompakt vermitteln müssen zu können. Was sich nicht reduzieren lässt hat man nicht verstanden, so die Nachwirkungen der Erziehung meiner Generation. Ich teile diese Meinung seit meiner Adoleszenz über weite Strecken nicht mehr. Ebenso wenig wie ich mich für künstliche Resultate solcher Arbeiten im Sinn ‚Kein Resultat ist auch ein Resultat‘ begeistern kann. Nun fühlt man sich dennoch auf interessante Weise gezwungen eine Art Resümee zu Geschriebenem abzulegen, welches zumindest im Ansatz an ein Resultat erinnert. Wichtige Erkenntnisse resultieren aus dieser MSA. Das Wissen an das sich der russische Präsident an den Schriften Iljins orientiert ist eine grosse Möglichkeit um das zu erreichen, was Gorbatschow von Brand, der BRD sowie vom Westen erwartete, gegenseitiges Verständnis. Dieses Verstehen folgt anscheinend, wofür dieses Plädoyer steht, nicht den uns bekannten Mustern. Hier stellt sich die Frage der Priorisierung; will man die Dinge in eigener Währung präsentiert haben, was einer Assimilationsforderung gleicht, oder wahrhaftig den Versuch unternehmen Verstehen - ist es eine Erweiterung des Eigenen oder ernsthafter Austausch mit dem Anderen?

---

[95] Bencivenga, Ermanno: Die Referenzproblematik, Peter Lang, Frankfurt a.M. 1987, S. 15

[96] Jebsen, Ken: Putin ist Schuld! URL: http://www.free21.org/putin-ist-schuld, Zugriff: September 2016

[97] Putin, Wladimir: Interview für Russia Today RT, Zusammenschnitt 15.08.2016, URL: https://www.youtube.com/watch?v=WhZOi2y75SM, Zugriff: August 2016, 6.43

Wenn man die Verständigung will, muss man lernen mit dem russischen Volk auf eine andere Art und Weise zu kommunizieren. Versteht man die Ansätze dieses Plädoyers zum Kulturaustausch nicht auf deren Inhalte, also Romantik, Literatur, Natur, Chaos, Glauben und Anti-Intellektualismus, dann wird man grössere Schwierigkeiten haben die Innen– sowie Aussenpolitik der Russischen Föderation zu verstehen. Erklärung bietet sich, gerade in unserem Zeitalter, allzu schnell an. Das ist vielleicht das grosse Problem. Diese MSA ist somit eine Einleitung, eine Eröffnung, eben ein Plädoyer hin zu einem Verständnis. Vielleicht ist man dann nicht ganz so brüskiert, wie die westlichen Journalisten, wenn man sich eine Rede des russischen Präsidenten, wie z. B. die zum Volksreferendum auf der Krim, anhört. Mit den Ausführungen zu Iljin und den vorgenommenen Kontextualisierungen sind folgende Zitate nicht mehr ganz unverständlich, wie mir scheint. Zur Ukraine: „Wir sind ein Volk. Kiew ist die Mutter der russischen Städte. Die alte Rus ist unsere gemeinsame Quelle. Wir werden sowieso nicht ohne einander leben können. (...). In der Ukraine leben und werden leben, Millionen russisch stämmige Bürger und Russland wird immer deren Interesse schützen und politische, diplomatische und rechtliche Mittel." Zur Krim: „Zu wissen was Russland für die Krim bedeutet und was die Krim für Russland bedeutet."[98] Sowie: „Ich wende mich auch an das Volk der Ukraine. Wir wollen ihnen keinen Schaden zufügen oder ihre nationalen Gefühle verletzen. Wir haben immer die territorialen Grenzen der Ukraine respektiert. Was aber die Krim angeht. Die Krim bleibt sowohl Russisch als auch Ukrainisch als auch Krim Tatarisch. (...). Meine Damen und Herren, im Herzen der Menschen ist und bleibt die Krim immer ein unentbehrlicher Teil von Russland"[99] Zur Demokratie: „Den Menschen wurden standarts aufgezwungen die keineswegs ihrer Lebensform und Tradition entsprachen."[100] Sowie: „Unsere Partner richten sich nicht an das Völkerrecht sondern an das Recht des Stärkeren." Ich behaupte das selbst die Unterstützung des Syrischen Präsidenten B. Assad, nicht nur aus dem heute gern zitierten ökonomischen Interesse, also der Pipeline von Katar durch die Türkei in die EU als Entlastung der EU Dependenzen zu Gazprom, sondern auch unter der durch Iljin gezeigten Zentralität des Vergleiches, dem historischen Wert Antiochia für die orthodoxe Kirche, der Darstellung der russischen Streitkräfte sowie der Entgegenhaltung des Intellektualismus des Westens hinsichtlich der Syrien Frage inner– und ausserhalb des UN Sicherheitsrates usw. In der Tat beginnt an dieser Stelle der MSA erst ein ordentlicher Dialog unter verbesserten Fragen und durch diesen Fortschritt ist ersichtlich geworden wie hilfreich die Betrachtung der vorkommunistischen Philosophie für das Verständnis der russischen Kultur und Politik ist, -quod erat demonstandum.

[98] Putin, Wladimir: Interview für Russia Today RT, Zusammenschnitt 15.08.2016, URL: https://www.youtube.com/watch?v=WhZOi2y75SM, Zugriff: August 2016, 02:09

[99] L. c.

[100] L. c.

Literaturverzeichnis

Monographien

Drosihn, Yvonne: Russland zwischen Ost und West? Frank & Timme, Berlin 2011

Eltchaninoff, Michel: In Putins Kopf, Actes Sud, Alres 2015

Höllwerth, Alexander: Das sakrale eurasische Imperium, Ibedim, Stuttgart 2007

Gloger, Katja: Putin verstehen, Berlin Verlag, München 2015

Iljin, Iwan: Wesen und Eigenart der russischen Kultur, Aehren Verlag, Affoltern 1944

Krone-Schmalz, Gabriele: Russland verstehen, Beck, München 2015

Nolte, Hans-Heinrich: Kleine Geschichte Russlands, Reclam, Stuttgart 2008

Oiserman, Teodor: Zur Geschichte der vormarxschen Philosophie, VEB Verlag der Wissenschaften, Berlin 1960

Rahr, Alexander: Der kalte Freund, Hanser, München 2011

Schlögel, Karl: Entscheidung in Kiew, Hanser Verlag, München 2015

Schmidt, Danny: Das Bild Russlands in den deutschen Leitmedien, Frank & Timme, Berlin 2016

Zimmerman, William: Russland regieren, von Zabern, Darmstadt 2015

Herausgeberschaften

Gethmann, Carl Friedrich & Plotnikov, Nikolaj (Hrsg.): Philosophie in Russland, Europäische Akademie, Bad Neuenahr-Ahrweiler 1998

Sandschneider, Eberhard (Hrsg.): GAP Standpunkt, Forschungsinstitut DGAP e.V. Sept. 2014, URL: https://dgap.org/de/article/getFullPDF/25882, Zugriff: August 2016

Bieri, Matthias: Putins Russland und Europäische Sicherheit, CSS ETH, Zürich, URL: http://www.css.ethz.ch/content/dam/ethz/special-interest/gess/cis/center-for-securities-studies/pdfs/CSSAnalyse172-DE.pdf, Zugriff: September 2016

Aufsätze und Zeitschriften

Varlaam, Gorokhov: Die Philosophie der religiösen Erfahrung in den Werken von I. A. Iljin, Wissenschaftlich Theologisches Portal Universität Bogoslav, URL: http://de.bogoslav.ru/text, online gestellt am 20.12.2008, Zugriff: September 2016

Gehrig, Urs: Nichts ist hoffnungslos, Die Weltwoche, Ausgabe 52/2015

Ingold, Philipp: Machtvertikale, Feuilleton, Neue Zürcher Zeitung, veröffentlicht am: 27.03.2007

Margolina, Sonja: Die Weissen haben gewonnen, Neue Zürcher Zeitung, veröffentlicht am: 27.11.2014

Feuilleton (Hrsg.): Russische Philosophie im ersten postsowjetischen Jahrzehnt, Neue Zürcher Zeitung Archiv, veröffentlicht am: 17.08.2002

Anda, Bela: Wladimir Putins heimlicher Guru, Bild Archiv, Url: http://www.bild.de/politik/ausland/wladimir-putin/russlands-praesident-und-sein-heimlicher-guru-34977042.bild.html, Zugriff: August 2016

Schmid, Ulrich: Ideologisches Allerlei, Neue Zürcher Zeitung, veröffentlicht am: 28.04.2016

Groen, Bert: Die Spannung zwischen der Römisch-Katholischen Kirche und der Orthodoxen Kirche, Vortrag für Pro Oriente, Sektion Graz, am 24. März 2004

NATO Paper zu: Russlands Anschuldigungen – Eine Korrektur, URL: http://www.nato.int/nato_static/assets/pdf/pdf_2014_04/20140523_140411-fact_sheet_Russia-ger.pdf, Zugriff: September 2016

Diverse mediale Quellen

Holenstein, Elmar: Rossiya – ein Euopa-transzendierendes Land, url: http://www.eu-ro-ni.ch/publications/Holenstein_Rossiya.pdf, Zugriff: 06.09.16

Der Kommunismus–Geschichte einer Illusion, Zugriff: URL: https://www.youtube.com/watch?v=LFkbBXR7JJg, Zugriff: 06.09.16

Anschluss der Krim: Rede vor der Staatsduma zum Krim Referendum, ausgestrahlt am 18.03.2014, URL: https://www.youtube.com/watch?v=NAU1GJZBhPg, Zugriffsperiode August 2016

Das Philosophische Quartett: ‚Putins Russland', Ausgestrahlt auf 3sat am 26.11.2006, URL: https://www.youtube.com/watch?v=k0OKKQBAykI, Zugriff: August/September 2016

Putin, Wladimir: Interview für Russia Today RT, Juli 2013, URL: https://www.youtube.com/watch?v=qrx5DCkvixA, Zugriff: August 2016

Reotz, Michael: Denken als Gefühl, 04.05.2014, URL: https://www.youtube.com/watch?v=1U_cs1hnxqI, Zugriff: Juli 2016

Putin, Wladimir: Interview für Russia Today RT, Zusammenschnitt 15.08.2016, URL: https://www.youtube.com/watch?v=WhZOi2y75SM, Zugriff: August 2016